Dr. med. Hermann Geesing

Gegen Viren wehren

Dr. med. Hermann Geesing

Die Geheimnisse des gesunden Lebens

GEGEN VIREN WEHREN

Nur Ihr Körper kann es – so helfen Sie ihm dabei

BLV

Die Deutsche Bibliothek – CIP-Einheitsaufnahme

Geesing, Hermann:
Gegen Viren wehren: die Geheimnisse
des gesunden Lebens; nur Ihr Körper
kann es – so helfen Sie ihm dabei /
Hermann Geesing. –
München; Wien; Zürich: BLV, 1991
ISBN 3-405-14250-4

BLV Verlagsgesellschaft mbH,
München Wien Zürich
8000 München 40

Lektorat: Inken Kloppenburg
Verlags-Service, München
Herstellung: Sylvia Hoffmann
Einbandgestaltung: Hartmut Baumann,
Nürnberg

Gesamtherstellung: Friedrich Pustet,
Regensburg

Printed in Germany · ISBN 3-405-14250-4

Inhalt

Zu diesem Buch

Seit vielen Jahren verfolgt mich eine geradezu unheimliche Vision: Ich sehe neue Seuchen auf uns zukommen, die schlimmer sind als alles, was die Menschheit an Krankheiten und Leiden jemals erlebt hat. Diese Seuchen werden weltweit zuschlagen und besonders grausam leiden lassen – und wir Ärzte werden ihnen völlig machtlos gegenüberstehen. Wir werden zusehen müssen, wie Zehntausende, vielleicht sogar Millionen dahingerafft werden. Und das trotz aller medizinischen Errungenschaften.
Das Schlimme an solchen Vorstellungen: Sie sind nicht einfach Alpträume eines vielleicht überbesorgten Arztes. Es handelt sich nicht um Hirngespinste, auch nicht um vage Prophezeiungen. Die Tatsachen und sehr nüchterne Einsichten zwingen uns die logische Schlußfolgerung auf: Wenn wir nicht umgehend umdenken und die entsprechenden Maßnahmen einleiten, haben wir kaum mehr eine Chance, der drohenden Gesundheitskatastrophe zu entgehen. Sie kann uns jederzeit, vielleicht schon morgen oder übermorgen, heimsuchen. AIDS ist erst ein Anfang, die Spitze eines Eisbergs von unvorstellbarer Gefährlichkeit.
Der Eisberg, den wir bislang mehr erahnen als kennen und in seiner Bedrohlichkeit noch kaum abschätzen können, heißt Virusinfektionen.

An der Schwelle zum dritten Jahrtausend unserer Zeitrechnung befindet sich die Menschheit in einer besonders verhängnisvollen Situation: Auf der einen Seite besitzen wir ein unglaubliches Vertrauen in die Medizin, die scheinbar alles kann und notfalls wahre Wundertaten vollbringt. Die Lebenserwartung ist in unserem Jahrhundert geradezu sensationell angestiegen. Wer hätte vor 70, 80 Jahren vorherzusagen gewagt, daß ein Kind, in den 90er Jahren geboren, im Durchschnitt nahezu 80 Jahre alt wird?
So leben wir denn auch: unbesorgt und rücksichtslos unserer Gesundheit gegenüber. Selbstverständlich wissen wir, daß allein in Deutschland täglich weit über 600 Menschen an einem Herz-Kreislauf-Versagen sterben, etwa 400 an Krebs – und es sind ja keineswegs nur alte Menschen, die Opfer dieser schlimmen Krankheiten werden. Der Anteil jüngerer Jahrgänge wird immer größer. Doch, so sagen wir uns: Warum sollte es gerade mich treffen?
Und schon lesen wir wieder von einer medizinischen Großtat oder von einem neuen »Wundermittel« – und sind beruhigt: Wenn mir tatsächlich etwas zustoßen sollte, stehen besteingerichtete Kliniken, wirksamste Mittel, sensationelle Methoden und Techniken und ein hervorragend geschultes Personal zur Verfügung. Heute ist nahezu alles machbar. Das »Restrisiko« bleibt verschwindend gering.
Nicht zuletzt eine solche Einstellung hat zum lawinenartigen Ansteigen der »Kunstfehlerprozesse« geführt: Die Erwartung, die in das komplette Gesundheitsinstrumentarium gesetzt wird, ist so unbändig groß, daß es fast zwangsläufig und immer häufiger zu bittersten Enttäuschungen bei Patienten kommen muß. Vergessen sind die Tatsachen, die trotz aller Warnungen das Leiden verursacht haben: falsche Lebensweise, ungesunde Ernährung, Mißbrauch von Genußgiften, ungebremster Raubbau an der Gesundheit durch Streß und Hetze. Und dazu gehört, was meistens überhaupt nicht mehr bedacht wird, auch der Mangel an Einsicht, daß jeder einzelne von uns für seine eigene Gesundheit selbst verantwortlich ist und daß diese Verantwortung nicht einfach weitergeschoben werden kann auf den Arzt und klinische Einrichtungen.

So merkwürdig es klingen mag: Dieses Vertrauen in die medizinische Hilfe im Falle der Erkrankung hindert uns keineswegs daran, in panischer Angst zu leben vor Krebs, vor Herzinfarkt, Schlaganfall, Lungenembolie und vielen anderen Krankheiten. Doch diese unterschwellige Angst verstecken wir sogar vor uns selbst – ganz tief in den unergründlichsten Winkeln unserer Seele. Auch wenn wir davon nichts wissen, so bleibt diese Angst doch immer gegenwärtig. Sie hindert uns daran, rechtzeitig Maßnahmen zur Erhaltung der Gesundheit zu treffen, Vorsorge zu betreiben, vorbeugende Maßnahmen zu ergreifen. Die Angst, der Doktor könnte doch etwas Schlimmes entdecken, ist übermächtig.

So besteht das Problem der heutigen, modernen Heilkunst hauptsächlich in der Tatsache, daß sie weithin viel zu spät zum Einsatz kommt. Erfahrene Ärzte rufen immer lauter und dringender nach der rettenden Wende: Wir dürfen die Heilkunst nicht länger einschränken auf einen Reparaturdienst, der im Falle einer akuten Erkrankung einsetzt, sondern wir müssen ihren Schwerpunkt auf Maßnahmen richten, die unsere Gesundheit erhalten, festigen und damit möglichst die Heilung überflüssig machen.

Das aber kann nur erreicht werden, wenn wir eine gesunde Einstellung zu unserer Gesundheit und zu den Möglichkeiten der Heilkunst finden: Gerade der Kampf gegen die zahlreichen und mitunter so gefährlichen Virusleiden zeigt uns, daß die Medizin eben nicht alles kann. Es gibt keine Antibiotika, die gegen Viren auch nur annähernd so wirksam wären wie sie gegen Bakterien sind. Es steht sogar zu befürchten, daß gerade die Antibiotika den Viren einen besonders fruchtbaren Boden zur Entfaltung bereiten.

Viruserkrankungen aber sind noch weit gefährlicher, als wir gemeinhin annehmen. Die Krankheit AIDS hat uns das ins Bewußtsein gerufen: Noch sind Medizin und Pharmazie gegenüber Viren – von kleinen Anfangserfolgen abgesehen – machtlos. AIDS ist kein Einzelfall, vielleicht nicht einmal unbedingt die bedrohlichste Virusinfektion überhaupt.

Das ist der Hintergrund für meine Schreckensvision: Die moderne Medizin wäre einer Seuche gegenüber, ausgelöst durch ein besonders schlimmes Virus, nahezu so hilflos, wie es die Medizin bis in die 30er Jahre unseres Jahrhunderts hinein gegenüber Pest, Cholera, TBC gewesen ist. Was passiert morgen, wenn sich die Folgen einer weithin verbreiteten Impfmüdigkeit zeigen?

Doch es gibt überhaupt keinen Grund, in Panik auf die große Katastrophe zuzuschlittern. Und deshalb, nicht um zu erschreken oder zu verwirren, sondern um aufzuklären habe ich dieses Buch geschrieben: Etwas wird auch mit den Viren fertig – das Immunsystem unseres Körpers. Unsere Chance, die Katastrophe abzuwenden, besteht in einer sinnvollen Pflege und Gesunderhaltung unserer körpereigenen Abwehrkräfte. Sie besteht im Immuntraining und, falls das Immunsystem bereits angegriffen ist, in der Immuntherapie.

Das ist das Anliegen in allen meinen Büchern *(Heilfasten, Allergie-Stop, Immun-Training, Herz-Fit, Enzyme)*: Werden Sie sich bewußt, wie wichtig es ist für Sie ist, daß Sie die Verantwortung für Ihre Gesundheit wieder selbst übernehmen. Nehmen Sie das sehr ernst. Tun Sie alles, um sich ein gesund funktionierendes Immunsystem zu erhalten, dann besitzen Sie den denkbar besten Schutz gegen chronische Leiden – und die sicherste Hilfe im Falle einer Virusinfektion.

Erwarten Sie in diesem Buch keine streng wissenschaftlichen Abhandlungen über Viren. Ich habe wie in allen meinen Büchern versucht, das Thema leicht verständlich darzustellen, so daß auch jener Leser die Zusammenhänge verstehen kann, der medizinisch nicht vorgebildet ist.

Gehen Sie mit mir hinein in die faszinierende, fast unfaßbare Welt der winzigsten, rätselhaftesten Geschöpfe, von denen man noch nicht einmal weiß, ob sie überhaupt zum Leben gehören. Staunen Sie mit – und lernen Sie, zu jenen gesunden Menschen zu gehören, die selbst wesentlich dazu beitragen, gesund zu bleiben – oder zu den Kranken, die nicht aufgeben, wieder gesund zu werden.

1

Stehen wir unmittelbar vor einer neuen, schrecklichen Gesundheits-katastrophe?

Solche Fälle gehören inzwischen fast schon zum Alltag des praktischen Arztes: Helmut K., ein sehr vitaler und tüchtiger Kleinunternehmer, gerade 48 Jahre alt geworden, hatte sich nach Jahren der rastlosen Mühen um den Aufbau seines Betriebes endlich einen Urlaub gegönnt. Nach 15 Jahren der pausenlosen Schinderei, der meistens auch noch das Wochenende zum Opfer gefallen war, mit Arbeitstagen von durchschnittlich 15 Stunden, oft noch mehr, war es seiner Frau endlich gelungen, ihn davon zu überzeugen, daß der Betrieb auch einmal ohne seine Allgegenwart auskommen könnte.
Nach vier Wochen Kongo – man konnte sich schließlich etwas besonders Exotisches leisten – saß er nun vor mir. Abgemagert, fahrig in seinen Bewegungen, flackernde Augen und eine zwar braune, aber welke und müde Haut. »Ich weiß nicht, was mit mir los ist. Wir hatten einen wunderbaren Urlaub. Da unten in Afrika hat alles gestimmt. Wir fühlten uns prächtig. Das Essen war

hervorragend, die Hotels first class. Seit wir aber zurück sind, fühle ich mich völlig zerschlagen. Ich dachte erst, das wäre die Umstellung. Doch es wird und wird nicht besser. In den letzten Wochen habe ich fünf Kilo abgenommen. Nein, mich plagen keinerlei Beschwerden. Ich bin nur so schrecklich müde.«
Die Untersuchung ergab bedenklich erhöhte Leukozytenwerte, aber kein Fieber, keine organische Störung. Es mußte sich also um eine Infektion handeln. Bakterien schieden aus. Sie waren im Blut nicht nachzuweisen. Blieben also nur Viren. Da man sie ihrer Winzigkeit wegen nur unter dem Elektronenmikroskop entdekken kann, begann die Suche nach den entsprechenden Antikörpern, das sind die speziellen Immunkörper, die der Organismus gegen Krankheitserreger herstellt. Helmut K. wurde in das Tropeninstitut nach Kiel geschickt, weil man dort für solche »Detektivarbeit« besonders eingerichtet ist und die nötige Erfahrung mit exotischen Infektionen besitzt. Doch alle Mühen brachten keine gesicherten Ergebnisse. Der Patient bekam Immunglobuline, das sind spezielle Abwehrstoffe, gewonnen aus dem Serum gesunder Menschen. Als die erhoffte Wirkung ausblieb, wurde ein Blutaustausch versucht. Helmut K. befand sich vier Monate lang in stationärer Behandlung, ehe er sich wieder wohl und einigermaßen leistungsfähig fühlte.
Dieser Fall ist deshalb für unsere momentane Gesundheitssituation so tyisch, weil sie gleichzeitig die Fehler und Risiken unserer modernen Lebensweise aufzeigt – andererseits aber auch deutlich macht, wie ohnmächtig die Medizin Virusinfektionen noch immer gegenübersteht.

Kontakt mit fremden Welten

Unsere Welt ist sehr klein geworden. Mit den Transportmitteln unserer Tage können wir in wenigen Stunden von einem Kontinent in einen anderen gelangen. Dort treffen wir nicht nur ein anderes Klima an, andere Ernährungsgewohnheiten mit fremdartigen Speisen, sondern wir begegnen Menschen, die eine völlig verschiedene Krankheitsgeschichte durchgemacht haben. Ihr Organismus mußte sich mit ganz anderen Krankheitserregern auseinandersetzen als unser Körper. So werden nicht nur diese Menschen durch uns gefährdet, weil wir Erreger mitbringen, gegen die sie nicht gerüstet sind, sondern auch wir sind durch sie bedroht, weil die speziellen Keime ihrer Heimat für unseren Körper völlig fremd sind, so daß unser Immunsystem ihnen gegenüber keinerlei »Erfahrung« besitzt.

Wie sich das auswirken kann, will ich an zwei Beispielen erläutern: Als die ersten Missionare in den brasilianischen Regenwald vordrangen, um abgelegenen Indianerstämmen das Christentum zu bringen, haben Sie dort ganze Stämme ausgerottet. Mit »Kinderkrankheiten« wie Masern. Die von der Umwelt bis dahin völlig isolierten Volksgruppen waren den fremdartigen Bakterien und Viren hilflos ausgeliefert. Ihrem Immunsystem fehlte das entsprechende »Wissen«.

Nach dem Zweiten Weltkrieg versuchten US-Firmen preiswerte Blutkonserven und Seren zu beschaffen. In Amerika liegt die Versorgung damit auch heute noch in privaten Händen. Die Geschäftsleute hatten bald eine sehr günstige Quelle gefunden: Sie gingen nach Afrika zu den Ärmsten der Armen. Denen gab man für eine Blutspende fünf Dollar. Man entnahm den Einheimischen das Blut, filterte die Immunkräfte aus dem Serum und gab ihnen die roten Blutkörperchen wieder zurück. Den Blutspendern hat das offensichtlich nicht geschadet. Ihr Organismus war stark genug, die »abgezapften« Immunkräfte rasch wieder zu ersetzen. Doch die gewonnenen Immunseren erwiesen sich nicht nur weithin als unbrauchbar, weil sie die falschen Abwehrkräfte enthielten. Sie waren darüber hinaus recht gefährlich. Nicht zuletzt mit solchen Blutkonserven ist die Immunschwächekrankheit AIDS nach Amerika gekommen.

Das ist das erste große Risiko: Wir leben nicht mehr wie unsere Vorfahren in einem begrenzten Gebiet, dem sich der menschliche Organismus seit Jahrtausenden angepaßt hat. Wir werden pausenlos mit Fremdartigem konfrontiert. Und dazu müssen wir unsere Heimat nicht einmal verlassen. Es reicht, daß andere reisen und uns die unbekannten Krankheitserreger mitbringen. Es wird noch viele Jahrzehnte dauern, bis es für unser Immunsystem auf dieser Erde nichts völlig Fremdes mehr gibt.

Vorgeschädigtes Immunsystem

Das Fremdartige stellt gewiß eine besondere Herausforderung an unser Immunsystem dar – aber es ist keineswegs so, daß wir nun alle bei der Begegnung mit unbekannten Krankheitserregern krank werden oder gar in eine tödliche Bedrohung geraten müßten. Die Frau meines Patienten Helmut K. ist in Afrika nicht erkrankt. Sie reiste nämlich mit einem intakten Immunsystem in das fremde Land. Getroffen hat es den Unternehmer, der sich mit seiner ungesunden Lebensweise während vieler Jahre anfällig gemacht hatte: Sein Immunsystem war angeschlagen und deshalb nicht in der Lage, auf die Herausforderung prompt zu reagieren. Übermäßiger Streß, der pausenlos das Immunsystem behinderte, mangelnde Bewegung und fehlende Erholung, schließlich falsche Ernährung hatten den Organismus so weit erschöpft, daß er den Kraftakt eines gesunden Aufbäumens gegen den fremdartigen Angriff nicht mehr leisten konnte.

Das ist das zweite Risiko – und es ist nicht nur gegenüber unbekannten Krankheitserregern gegeben: Wohl noch nie hat der Mensch mit seiner Gesundheit so viel Schindluder im wahrsten Sinne des Wortes getrieben, wie das heute der Fall ist. Wir leben, als gäbe es keine Gesundheitsrisiken mehr. Leidtragender ist dabei vor allem das Immunsystem. Immer häufiger müssen wir Ärzte beobachten, daß viele Menschen sich schon um das 40., 45. Lebensjahr völlig erschöpft haben. Mit Erschöpfung möchte ich in diesem Fall den Zustand des Organismus bezeichnen, der nicht mehr imstande ist, sich selbst zu helfen. Seine Heil- und Abwehrmechanismen vermögen nicht mehr gesund zu funktionieren. Ich habe für diese Gesundheitskrise in der Mitte des Lebens den Begriff »Immunopause« eingeführt – in Anlehnung an die Menopause: So wie Frauen zwischen 40 und 50 das Ende

der Fruchtbarkeit erleben, so erfahren wir alle mehr oder weniger stark schon in der Mitte des Lebens einen gewissen Zusammenbruch unseres Immunsystems. Das ist kein vorübergehender Zustand, sondern ein Endzustand, der sich von selbst nicht mehr erholen kann. Wir merken es daran, daß wir plötzlich keine schlimmen »Erkältungen« mehr bekommen, kein hohes Fieber, keine Entzündungen. Wir glauben, gesünder geworden zu sein. Tatsächlich aber vermag der Körper sich nicht mehr spontan und entschlossen zur Wehr zu setzen. Oder er reagiert übertrieben hektisch und völlig falsch, wie etwa bei Allergien oder bei manchen rheumatischen Erkrankungen.
Da einzig und allein unser Immunsystem mit den Viren fertig werden kann, müssen wir alles tun, diesen Augenblick der Erschöpfung so weit wie möglich in unserem Leben nach hinten zu schieben und dafür zu sorgen, daß die Erschöpfung sich in Grenzen hält. Denn: Wenn unser Immunsystem ausfällt, gibt es gegen Viren kein Mittel mehr.

Mangelhaftes und fehlendes Immuntraining

Vor allem zwei Fehler führen zur vorzeitigen Erschöpfung oder zu Funktionsstörungen des Immunsystems: die pausenlose Überforderung auf der einen Seite – und das mangelhafte Training auf der anderen.
Das Wort Infektion hat seit der Einführung der Schutzimpfungen und der Entdeckung der Antibiotika in den 30er Jahren seinen Schrecken verloren. Zu oft hat jeder von uns schon erleben dürfen, wie rasch eine böse Infektion besiegt war, nachdem der Arzt die richtige Spritze verabreicht oder ein geeignetes Mittel zur Anwendung gebracht hatte.
Sowohl den Schutzimpfungen als auch den Antibiotika verdanken wir tatsächlich unendlich viel. Das wird heute von den Impfgegnern und von vielen Heilpraktikern, die Antibiotika grundsätzlich ablehnen, meistens verschweigen: Als es noch

keine Schutzimpfungen gab, starben noch sechs von zehn Kindern in den ersten Lebensjahren an einer Kinderkrankheit. Die Tuberkulose hat noch vor 60 Jahren Hunderttausende dahingerafft – meistens waren es Menschen im blühenden Alter von 17 bis 25 Jahren. Wenn die Lebenserwartung heute für Menschen in zivilisierten Ländern so hoch ist, dann letztlich doch, weil es diese schrecklichen Seuchen nicht mehr gibt. Ohne Zweifel: Naturheilmethoden, Homöopathie und dergleichen mehr hat es früher schon gegeben. Und sie sind ebenso konsequent wie heute angewendet worden. Aber sie haben – wie alle anderen Heilmittel – eben ihre Grenzen und ihr Anwendungsgebiet, in dem sie sinnvoll sind.

Die Frage ist nur – und die Zahlen scheinen es zu bestätigen –, ob wir uns mit den Schutzimpfungen und den Antibiotika nicht ganz andere Seuchen eingehandelt haben: die sprunghaft zunehmenden chronischen Leiden nämlich, die wohl allesamt das Ergebnis von Infektionen sind. Rheuma, Diabetes, Herz-Kreislauf-Erkrankungen, Bronchitis, Asthma – und Krebs: In all diesen Fällen hat das Immunsystem versagt, weil es zu schwach, zu hektisch, irritiert oder fehlgesteuert war. Zu solchem Versagen kommt es aber, sofern die Abwehrschwäche nicht angeboren ist, entweder durch eine ständige Überforderung – oder durch mangelndes Training.

Die Überforderung ist vor allem dann gegeben, wenn wir von einer vermeintlich »banalen« Infektion in die nächste schlittern, ohne daß unser Organismus zwischendurch die Chance bekommt, die Erkrankung und ihre Folgen gründlich auszukurieren. Dazu kommen falsche Ernährung, zu wenig Bewegung und – auch das spielt für die Immunkräfte eine ganze wichtige Rolle – zu wenig Freude. All das belastet und blockiert die Immunkräfte.

Das Training fehlt offensichtlich von Anfang an, wenn der durch zu viele Impfungen geschützte Körper niemals die Möglichkeit bekommt, sich kraftvoll gegen eine schwierigere Infektion zur Wehr zu setzen. Es wird unterbunden, wenn die Reaktionen des Körpers auf einen Angriff durch Antibiotika abgebrochen werden. Im Hinblick auf Bakterien ist ein derart mangelhaftes oder gar fehlendes Immuntraining möglicherweise nicht bedrohlich. Wir verfügen ja über die nötigen Mittel, Bakterien zu besiegen. Viren gegenüber muß das unzureichend trainierte Immunsystem verhängnisvoll sein. Denn damit fallen die einzigen Kräfte aus, die Viren gewachsen sind: die körpereigenen Abwehrfaktoren. Das ist das dritte Risiko: Indem wir uns vor Bakterien schützen, machen wir uns schwach gegenüber Viren und geben diesen breiten Spielraum. Mit Schutzimpfungen machen wir uns immun gegen Masern, Röteln, Kinderlähmung, Pocken – damit auch gegen Virusinfektionen. Aber eben nur gegen sehr wenige. Weil der so geschützte Körper sich niemals in einem harten Training mit hohem Fieber, mit Entzündungen, mit einer totalen »Mobilmachung« bewähren mußte, ist er im Ernstfall rasch überfordert. Dann stoßen Viren auf keinen entschlossenen Widerstand. Und das ist doppelt und dreifach gefährlich: Die Infektion wird nicht mit den typischen Krankheitsanzeichen erlebt. Der Körper bäumt sich nicht auf. Es ergeht uns vielleicht wie Helmut K.: Wir sind unendlich müde, leistungsschwach, haben vielleicht einen Schnupfen, der nicht mehr besser werden will.

Zeitbombe: »Slow-virus-infections«

Doch selbst dann, wenn wir von der Infektion gar nichts verspüren oder glauben, sie endgültig auskuriert zu haben, dürfen wir keineswegs sicher sein, sie voll überstanden zu haben. Es kann nämlich durchaus sein, daß dieselben Viren, die ursprünglich eine vermeintlich leichte akute Infektion auslösten, selbst nach Jahrzehnten plötzlich wieder aktiv werden, um dann eine neue, viel schlimmere Krankheit auszulösen. So wissen wir heute – bei vielen anderen schweren Erkrankungen besteht ein begründeter Verdacht, daß es ähnlich ist – daß die Windpocken vom Varicella-Zoster-Virus ausgelöst werden. Dasselbe Virus kann später aber auch die schmerzhafte Gürtelrose *(Herpes zoster)* verursachen. Und dabei handelt es sich dann keineswegs um eine erneute Infektion, sondern das Virus von damals hatte sich im Nervengeflecht des Körpers vor den Immunkräften versteckt, um im geeigneten Augenblick wieder aktiv zu werden – auf ganz neue Weise. Die Medizin spricht in solchen Fällen von den sogenannten »slow-virus-infections«.

Das ist das vierte Risiko: Ein Organismus, der nicht in der Lage ist, schlagkräftig und gezielt gegen Viren vorzugehen, weil sein Immunsystem defekt ist, der steht in ständiger Gefahr, eine »Zeitbombe« in sich herumzutragen, die jeden Tag hochgehen kann. Es gibt keinen Zweifel mehr daran, daß zumindest manche Viren Krebs auslösen können. In Tierversuchen lassen sich tatsächlich problemlos mit Viren Tumoren züchten – vor allem dann, wenn gleichzeitig das Immunsystem geschwächt wird. Bei einigen Viren, etwa manchen Herpes-Arten, ist auch der Zusammenhang zwischen Virusinfektion und Krebserkrankung ziemlich eindeutig.

Doch es ist keineswegs Krebs allein, was die Virus-Zeitbombe auslösen kann. Andere schlimme Krankheiten wie Multiple Sklerose, Morbus Hodgkin *(Lymphogranulomatose)* oder das Parkinson-Syndrom werden immer überzeugender mit vorhergehenden Virusinfektionen in Zusammenhang gebracht.

Solche Einsichten sind selbstverständlich beunruhigend. Viren sind überall. Mit Viren müssen wir uns pausenlos herumschlagen. Und sehr viele von uns »beherbergen« ständig Viren in ihrem Körper. Denken wir nur an die vielen Menschen mit den sogenannten Lippenbläschen *(Herpes simplex 1)*. Sie sind kaum wegzubringen und erscheinen sofort bei kleinsten psychischen Problemen oder anderen Behinderungen des Immunsystems wieder. Denken wir auch an Warzen, die häßlichen kleinen Hautwucherungen, die keinerlei Beschwerden verursachen. Sie sind das Ergebnis einer Virusinfektion. Und auch in diesem Fall steht außer Zweifel, daß sie in Zeiten eines gedrosselten Immunsystems, etwa in der Pubertät oder auch während der Schwangerschaft und in der Menopause, besonders häufig auftreten.

Viren können wir nicht ausweichen. Wir haben nur die Möglichkeit, das Immunsystem so zu stabilisieren, daß ihnen in unserem Körper kein Unterschlupf gewährt wird. Und wir sollten sehr gründlich darauf schauen, daß Virusinfektionen, vom grippalen Infekt bis zu Warzen und Herpes-Rezidiven gründlich angegangen und auskuriert werden. Wir dürfen grundsätzlich keine Viren dulden. Denn harmlose Viren, die man dulden dürfte, gibt es nicht.

Heimtückische Wandlungsfähigkeit der Viren

Es kommt noch ein Punkt hinzu, der die Viren im Gegensatz zu allen anderen Krankheitserregern so gefährlich macht und den Kampf gegen sie so unendlich erschwert: Man kriegt diese Winzlinge kaum zu fassen, weil sie unentwegt in neuen Formen und Veränderungen auftreten. Das ist ein recht frustrierender Wettlauf, der immer nur eng begrenzte Erfolge erlaubt.

Das Beispiel Grippeschutzimpfung zeigt die Problematik besonders deutlich: Sobald die Wissenschaftler ein bestimmtes Influenza-Virus isoliert haben, machen sie sich daran, einen Impfstoff gegen dieses Virus herzustellen. Einmal im Jahr, nämlich in jedem Spätsommer, rufen die Gesundheitsbehörden vor allem ältere Menschen auf, sich einer Grippeschutzimpfung zu unterziehen. Sie tun das aus gutem Grund. Denn jährlich sterben rund 600 Menschen an einer Grippe. Allerdings: Niemand kann genau vorhersagen, welcher Influenza-Typ im naßkalten Herbst oder im Frühjahr zuschlagen wird. Mit den B- und C-Typen wird unser Körper einigermaßen leicht fertig. Die Influenza-A-Typen dagegen sind ziemlich bedrohlich und fordern starke Widerstandskräfte. Der verabreichte Impfstoff kann aber nicht einmal gegen die zahlreichen Viren einer einzigen der drei Gruppen immunisieren, geschweige denn gegen alle Influenza-Viren. Wenn also, wie es in regelmäßigen Abständen geschieht, plötzlich eine »Asiatische« oder »Spanische« Grippe auftaucht, war die Schutzimpfung nutzlos.

Angesichts dieser Situation beginnt der hoffnungslose Wettlauf: Flammt irgendwo eine Grippe auf, dann beeilen sich die Impfstoffhersteller, sofort den passenden Impfstoff bereitzustellen. Doch nicht gerade selten hat sich das entsprechende Virus seit der Gewinnung des Impfstoffes bereits wieder so stark verändert, daß eine Impfung ebenfalls unwirksam bleibt. Es sieht so aus, als könnten Viren Abwehrstrategien wittern und sich sofort darauf einstellen.

Was sich in den Auseinandersetzungen zwischen Viren und Immunfaktoren im Körper abspielt, das übertrifft an Raffinesse alle Vorstellungen und ist spannender als jeder Krimi. So haben US-Forscher von den *National Institutes of Health* in Bethesda/Maryland und vom *DNAX Research Institute* in Palo Alto/Kalifornien jüngst entdeckt, daß beispielsweise das Epstein-Barr-Virus – ein Virus, das im Verdacht steht, Krebs zu erregen – das Immunsystem des Menschen mit einer Art Tarnkappe überlistet: Es hat sich Moleküle angeeignet, die menschlichem Gewebe zum Verwechseln ähnlich sind, so daß die Abwehrkräfte das Virus nicht mehr als etwas Artfremdes erkennen können. Die Forscher vermuten, daß sich Viren im Laufe der Entwicklungsgeschichte Gene »eingefangen« haben und sie nun zu diesem Täuschungsmanöver mißbrauchen.

Bei diesen ständigen Veränderungen und Anpassungen aber, so scheint es, werden Viren für unseren Organismus immer noch gefährlicher und heimtückischer. Das HIV-Virus, das in so vielen Fällen zur tödlichen AIDS-Erkrankung führt, ist nur ein besonders typisches Beispiel, das diese Befürchtung stützt.

HIV stellt alle bisherigen Erfahrungen auf den Kopf

Die Entdeckung der Viren, die für die unheimliche Immunschwäche-Krankheit AIDS verantwortlich gemacht werden, hat eine ganz neue Ära in der Virusforschung eingeläutet. Vieles von dem, was man bisher scheinbar so sicher wußte, war plötzlich in Frage gestellt. Denn dieses Virus – ursprünglich sprach man vom LAV/ HTLV-III-Virus (Lymphadenopathie-assoziiertes, humanes T-Zell-lymphotropes Retrovirus) – hat eine ganze Reihe bisher bekannter Virenregeln umgestoßen.

Vor der Entdeckung des HIV-Virus stand fest: Eine Virusinfektion manifestiert sich erst in der entsprechenden Krankheit, wenn bereits eine große Zahl von Zellen von den Viren zerstört worden und das Blut mit Viren überschwemmt ist.

Das HIV-Virus scheint im Körper des Menschen geradezu inaktiv zu sein. Es läßt sich im Blut der Infizierten kaum nachweisen. Daß jemand HIV-positiv ist, das läßt sich nur anhand vorhandener Antikörper nachweisen, die das Immunsystem gegen das Virus gebildet hat.

Ebenfalls galt früher als geradezu unumstößlich: Wenn sich im Blut eines Menschen Antikörper gegen ein bestimmtes Virus nachweisen lassen, dann ist dieser Mensch gegen eine Erkrankung, die von diesem Virus ausgehen könnte, immun. Bei der HIV-Infektion ist es genau umgekehrt: Der Körper hat zwar Antikörper gegen das HIV-Virus gebildet, doch diese bilden offensichtlich keinen Schutz gegen die in so vielen Fällen nachfolgende AIDS-Erkrankung. Vor AIDS sicher ist nur, wer bisher keine Begegnung mit dem HIV-Virus hatte. Wer dagegen infiziert wurde und Antikörper besitzt, der gehört zu jenen, die vielleicht erst nach fünf Jahren oder mehr die AIDS-Erkrankung befürchten müssen. Das ist ein deutlicher Widerspruch, der bisher nicht geklärt werden konnte. Das Vorhandensein von Antikörpern und das Fehlen großer Mengen von HIV-Viren im Blut der Infizierten zeigt, daß unser menschliches Immunsystem durchaus in der Lage ist, die HIV-Viren in Schach zu halten. Sie selbst können sich also im Organismus nicht entfalten, wogegen man sie aus befallenen Zellen AIDS-Kranker durchaus züchten kann. Trotzdem kann es zum totalen Zusammenbruch des Immunsystems nach einer HIV-Infektion kommen.

Die Krankheiten, die dann auftreten – das ist ein weiteres Rätsel – sind keine HIV-typischen Leiden, vergleichbar den Masern nach einer Infektion mit dem Masern-Virus. AIDS ist keine Krankheit

mit einem festumrissenen, eindeutigen Bild. Inzwischen kennt man rund 20 verschiedene Leiden, die nach einer HIV-Infektion auftreten können – und alle diese Leiden hat man vor der Entdekkung des HIV-Virus schon gekannt. Sie können auch bei Menschen auftreten, die nicht HIV-positiv sind.
In den verschiedenen Kontinenten äußert sich AIDS sogar völlig verschieden. In Afrika, der ursprünglichen Heimat der Immunschwächekrankheit beispielsweise, bekommen mehr als 90 Prozent der Patienten Fieber und Durchfall. In den USA und ebenfalls in Europa sterben ebensoviele AIDS-Patienten an einer schweren Lungenentzündung oder an einer besonders bösartigen Krebserkrankung.
Und selbst die eigentlichen Risikogruppen haben ihr eigenes Krankheitsbild: Bei Fixern, die sich mit verseuchten Nadeln angesteckt haben, entwickelt sich häufiger die tödliche Lungenentzündung, bei Homosexuellen häufiger das bösartige Kaposi-Sarkom.
Es sieht also ganz so aus, als wäre das HIV-Virus nur der »Türöffner« für andere Krankheiten. Man geht heute davon aus, daß das Virus vor allem T-Helferzellen befällt – und Stammzellen, die sich innerhalb des Immunsystems noch nicht spezialisiert haben, also eine Art Reservoir bilden. Damit allein ist der Zusammenbruch des Immunsystems aber nicht zu erklären. Ein gesund funktionierendes Immunsystem müßte eigentlich den entstandenen Fehler korrigieren können. Vermutlich müssen also noch andere immunschwächende und immunzerstörende Faktoren hinzukommen.
Folgerichtig kommen Immunforscher, wie etwa der aus Münster stammende Molekularbiologe der berühmten Berkeley-Universität in Kalifornien, Professor Dr. Peter Duesberg, zu der Schlußfolgerung: Das HIV-Virus allein kann die tödliche Krankheit nicht auslösen. AIDS ist gar keine neue Krankheit. Neu an AIDS ist nur das gehäufte Auftreten längst bekannter Krankheiten und ihre Kombination miteinander. Wer an AIDS erkrankt, muß sein Immunsystem zusätzlich durch eine immunschwächende Lebensweise vorgeschädigt haben. Man stirbt nicht an AIDS, auch nicht

an der HIV-Infektion, sondern letztlich an Krankheiten, die vielleicht sogar latent vorhanden waren, sich aber erst richtig durchsetzen konnten, weil das HIV-Virus zusammen mit anderen Faktoren das Immunsystem an einer wirksamen Abwehr behindert haben.

So weiß man beispielsweise, daß in den USA in homosexuellen Kreisen besonders häufig als Aphrodisiakum die Droge »Popper« verwendet wurde. Sie steht inzwischen im Verdacht, karzinogen zu sein, also Krebs zu verursachen! Seitdem auf diese Droge verzichtet wird, sind die Kaposi-Sarkome auch bei AIDS-Patienten seltener geworden.

Ich persönlich bin fest davon überzeugt, daß eine krankmachende Lebensweise, etwa eine falsche Ernährung, eine mangelhafte Versorgung des Körpers mit den lebenswichtigen Vitalstoffen, und der zusätzliche Mißbrauch von Antibiotika und chemischen Medikamenten, die ebenfalls das Immunsystem schwächen oder irritieren, nicht zuletzt schwere psychische Belastungen eine noch verheerendere Rolle spielen als das HIV-Virus. Bei diesem Virus handelt es sich nach bisherigen Einsichten keineswegs um ein besonders teuflisches, extrem widerstandsfähiges Virus. Im Gegenteil. Es scheint sogar so empfindlich zu sein, daß es nur in körpereigener Flüssigkeit (Blut, Schleim, Samenflüssigkeit, Lymphe) überleben kann. Das ist auch der Grund dafür, warum man sich nur bei sehr intimen Kontakten mit einer infizierten Person anstecken kann.

Entscheidend kann deshalb auch in diesem Fall wieder sein, daß das Virus, wenn überhaupt, keinen vorgeschwächten Körper befallen kann, sondern einem entschlossen reagierenden Immunsystem begegnet. Erfahrungsgemäß dauert es bei HIV-Infizierten rund vier Wochen, ehe sich Antikörper im Blut nachweisen lassen. Diese vier Wochen sind offensichtlich die Phase, in der über Leben oder Tod entschieden wird. Wiegen wir uns nicht in der falschen Hoffnung, es könnte bald einen wirksamen Impfstoff gegen das HIV-Virus geben, auch wenn wir immer wieder Meldungen lesen, die von einem bevorstehenden Durchbruch bei der Herstellung eines geeigneten Impfstoffs sprechen. Es ist durchaus

möglich, daß es gelingt, einen solchen Impfstoff zu finden, wenn sicherlich auch nicht mehr in diesem Jahrtausend. Den bereits Infizierten kann er nicht mehr helfen. Ob er vorbeugend einen Immunschutz gewähren kann, scheint mir recht fraglich zu sein. Schließlich ist ja auch das Immunsystem in der Lage, Antikörper zu bilden, ohne daß damit die gewünschte Immunität erreicht würde. Vielleicht könnte ein wirksamer Impfstoff dazu beitragen, die lange Zeit von vier Wochen, die zwischen Infektion und der Bildung von Antikörpern in aller Regel liegt, deutlich zu verkürzen, so daß inzwischen am Immunsystem kein verheerender Schaden angerichtet werden kann. Das wäre dann allerdings ein großer Erfolg im Kampf gegen AIDS. Doch wer sagt uns, daß der Körper, vor allem der bereits immungeschwächte Organismus, nicht auch vier Wochen braucht, ehe er die richtige Antwort auf den Impfstoff gefunden hat? Was geschieht in der Zwischenzeit?
Ich glaube deshalb, daß gegen AIDS ein anderer Weg beschritten werden muß: Wir müssen dem Immunsystem helfen, eine prompte Antwort auf das Virus zu finden, etwa indem wir ihn nicht mit dem geschwächten oder abgetöteten Virus konfrontieren, sondern ihm bereits die fertigen, sofort einsatzbereiten Antikörper-Muster zur Verfügung stellen.
So oder so: Eine wirksame Virenabwehr ist auch in diesem Fall nur möglich, wenn wir dafür Sorge tragen, daß unser Immunsystem nicht mutwillig geschwächt oder irritiert wird. Ein intaktes Immunsystem bietet weit besseren Schutz gegen das Virus als Kondome!

Grippe und das »chronische Müdigkeitssyndrom«

Doch es muß ja nicht unbedingt AIDS sein. Die echte Grippe, nicht zu verwechseln mit dem grippalen Infekt, tritt alle zwei, drei Jahre epidemisch auf, alle 12 bis 24 Jahre sogar pandemisch, das heißt weltweit. Dabei hat man schon vor den schnellen Flugreisen beobachtet, daß solche Pandemien in den verschiedenen Konti-

nenten auf rätselhafte Weise gleichzeitig ausgebrochen sind. Auch der Zeitpunkt ihres Auftretens gibt zu denken – und ist ein Anstoß für sorgfältige Vorsorge: 1919/20 sind an einer schweren Grippe weltweit 500 Millionen Menschen erkrankt, jeder vierte Mensch! 22 Millionen von ihnen starben. Das waren weit mehr Opfer, als der eben zu Ende gegangene Weltkrieg gefordert hatte. Die Grippe war damals deshalb so mörderisch, weil die Menschheit sich durch Krieg und Hunger in einem elenden Gesundheitszustand befand. 1957/58 wütete die Asiatische Grippe, 1968 die Hongkong-Grippe. Beide fanden glücklicherweise deutlich weniger Opfer. Wir alle waren damals widerstandsfähiger.
Wie wird es bei der nächsten Grippeepidemie sein? Wie schlecht der allgemeine Gesundheitszustand momentan ist, das sehen wir an den sprunghaften Zunahmen der Allergien. Unser Körper reagiert in totaler Verwirrung auf harmloseste Substanzen, als hätte er gefährliche Krankheitserreger vor sich. Selbst das Sonnenlicht löst schon in vielen Organismen Abwehrreaktionen aus. Das ist ein schlimmes Alarmzeichen, das weithin noch immer massiv unterschätzt wird: Ein derart irritiertes Immunsystem kann einem heftigen Angriff nur bedingt gewachsen sein.
Wie direkt das Zusammenspiel zwischen Angstzuständen, Depressionen und viralen Infektionen ist, zeigt das Beispiel einer Krankheit, die in unseren Tagen Millionen Menschen heimsucht. Die Mediziner sprechen vom chronischen Müdigkeitssyndrom. Die Symptome dieses Leidens sind anhaltende, unerklärliche Müdigkeit, Erschöpfung, Konzentrationsstörungen, Gedächtnisschwäche und Schlafstörungen – nicht etwa nur gelegentlich verspürt, sondern andauernd über Monate. Dazu kommen in schlimmeren Fällen noch typische Anzeichen einer Infektion: Muskel- und Gelenkschmerzen, Gliederschwere. In vielen Fällen kann diese chronische Krankheit so schlimm werden, daß die Betroffenen nicht mehr in der Lage sind, ihren Beruf auszuüben. Viele von ihnen werden sogar pflegebedürftig. Alles spricht dafür, daß es sich auch in diesem Fall um eine noch unbekannte Virusinfektion handelt, die möglicherweise mit einem Magne-

siummangel einhergeht. Ärzte in Schottland und in Deutschland haben neuerdings nachgewiesen, daß über 80 Prozent der Patienten, die von einem chronischen Müdigkeitssyndrom betroffen sind, zugleich unter Depressionen leiden oder eine psychische Störung besitzen, die man als »larvierte Angstzustände« bezeichnen könnte. Es ist müßig zu fragen, was zuerst da war, die Angst oder die Viren. Ob die Angst der Virusinfektion Vorschub leistet – oder ob die Virusinfektion die Ursache für die Depressionen ist: Die nahe Zukunft schon wird immer deutlicher werden lassen – das ist mein großes Anliegen –, daß wir uns klar werden, wie eng Seele und Immunsystem miteinander verbunden sind und wie eng sie sich gegenseitig beeinflussen. Wer einen wirksamen Schutz gegen Viren besitzen will, der muß für ein intaktes Immunsystem sorgen – und das ist nur mit Hilfe einer stabilen seelischen Verfassung und viel Lebensfreude möglich.

Und noch ein Beispiel, das die Gefährlichkeit der Viren gerade in unserer Zeit aufzeigt: In China sind 1991 30000 Menschen der sogenannten japanischen Sommer-Enzephalitis zum Opfer gefallen, einer schweren viralen Gehirnhautentzündung. Ein Drittel der Erkrankten starb an der Infektion, ein weiteres Drittel überlebte mit bleibenden Hirnschäden. Auch viele Europäer, die nach dem fernen Südosten reisten, brachten die Krankheit mit.

Es ist nötig, auf solche Gefahren hinzuweisen, weil sie in unserer schnellebigen Zeit kaum mehr wahrgenommen werden: Die Gefahr einer Virusinfektion ist mit der modernen Mobilität deutlich gewachsen. Unsere gesundheitliche Verfassung scheint ihr aber weniger denn je gewachsen zu sein.

Deshalb ist es höchste Zeit, daß wir uns besinnen, wollen wir eine drohende Gesundheitskatastrophe noch verhindern. Auch wenn es mittlerweile einige wenige sogenannte Virostatika gibt, das sind Medikamente, die Viren an ihrer Entfaltung hindern, so wäre es doch vermessen, wollten wir auf die »Antibiotika« gegen Viren warten. Ich selbst befürchte, daß es sie niemals geben wird, so wie es bisher ja auch – aus den vielfältigen genannten Problemen – nicht möglich war, ein Schnupfenmittel zu entwickeln. Es gibt über hundert verschiedener Viren, die einen Schnupfen auslösen können. Man bräuchte also ebenso viele Mittel – und müßte jedesmal genau wissen, welches Virus gerade zugeschlagen hat. Wer sich vor Viren schützen will, der kann nur eines tun: Er muß dafür sorgen, daß sein Immunsystem intakt ist und intakt bleibt – oder es wieder wird. Um es noch einmal zu betonen: Nur der Körper selbst kann mit Viren fertig werden. Helfen wir ihm dabei.

2

Die sensationelle Entdeckung vor hundert Jahren

Der berühmte Franzose Michel Nostradamus (1503–1566) war zweifellos ein Genie. Lange vor der Veröffentlichung seiner Prophezeiungen hat er als Besieger der Pest Weltruhm erlangt. Als in seiner Heimat Südfrankreich um 1520 die entsetzliche Seuche ausbrach und die Menschen Hals über Kopf die Flucht ergriffen, blieb er, damals noch Medizinstudent, in Avignon und verabreichte den Menschen selbstgefertigte Pillen, bestehend aus Kräutern und Knoblauch, die offensichtlich einen gewissen Schutz gegen die Ansteckung boten. Von Krankheitserregern hatte man damals ja noch keine Ahnung. Mit seinen Mitteln gelang es ihm auch, die Pestseuche zu stoppen. Nostradamus wurde zum Hofarzt des französischen Königs ernannt. Er war ein gefeierter Held.

Doch dann suchte ihn ein schlimmes Unheil heim: Seine Frau und seine beiden Kinder erkrankten schwer – und er konnte sie nicht retten. Seine »Pillen« erwiesen sich als wirkungslos. Vermutlich ist die ganze Familie an einer Viruserkrankung gestorben. Fortan blieb die Praxis des berühmten Arztes leer. Wer nicht einmal der eigenen Familie helfen kann, so sagten sich die Leute, wie sollte der andere heilen können.

Was Michel Nostradamus nicht wissen konnte: Er ist von Krankheitserregern besiegt worden, die ganz anders waren als die Pestbakterien.

Als es dem französischen Chemiker und Biologen Louis Pasteur (1822–1985) gelungen war, die ersten Mikroorganismen zu entdecken und nachzuweisen, daß sie die Ursache vieler Erkrankungen waren, und als der deutsche Arzt Robert Koch (1843–1910) zum erstenmal nachweisen konnte, daß Bakterien tatsächlich Infektionskrankheiten auslösen, da war die Welt erschreckt von der Vorstellung, daß es in unserem Körper von winzigen Lebewesen wimmelt. Doch zugleich gaben diese Entdeckungen Anlaß zur Hoffnung, daß nun die Infektionskrankheiten endlich besiegt werden könnten.

Der große Durchbruch gelang dann tatsächlich auch, als der britische Bakteriologe Alexander Fleming (1881–1955) im Jahre 1928 fast zufällig entdeckte, daß der Pilz Penicillin die Bakterien am Wachstum hindert und abtötet. Das schien der große Sieg über die Krankheitserreger zu sein. Soweit es sich um Bakterien handelte, stimmte das auch.

Doch schon seit langem wußte man, daß es neben Pilzen und Bakterien noch einen anderen Krankheitserreger geben mußte, der scheinbar nicht zu fassen war. Ein Erreger, der gleichermaßen Pflanzen, Tiere und Menschen befallen konnte. 1892, also genau vor hundert Jahren, nahm der russische Botaniker D. Iwanowskij den Saft von Tabakpflanzen, die von der gefürchteten Mosaikkrankheit, einer Fleckenbildung auf den Tabakblättern, befallen waren. Diesen Saft ließ er durch Bakterienfilter fließen und begoß damit dann gesunde Tabakpflanzen. Tatsächlich wurden diese Pflanzen daraufhin krank.

Iwanowskij nannte den gefilterten Saft »giftiger Saft«, oder auch Gifttrunk, lateinisch Virus. Er war davon überzeugt, daß der Saft einen Krankheitserreger enthalten mußte, der nicht zu den bislang bekannten Bakterien gehören konnte. Er mußte wesentlich kleiner sein, weil er den Bakterienfilter passiert hatte. Er war, so vermutete er ganz richtig, so winzig, daß man ihn unter dem Lichtmikroskop nicht sehen konnte. Und er ließ sich – nach damaliger Kenntnis – auch nicht auf Nährböden züchten, auf dem Bakterien wachsen.

Entsprechend galt fortan die Definition für Viren: Es sind die Keime, die sich nicht durch einen Filter zurückhalten lassen, die man nicht sehen kann und die sich nicht züchten lassen. Heute sind zumindest zwei dieser Definitionen überholt: Man kann Viren im Elektronenmikroskop sehen. Manche von ihnen lassen sich auch mit geeigneten Einfärbungsmethoden im Lichtmikroskop sichtbar machen. Und die meisten Viren kann man inzwischen etwa auf Hühnerembryonen auch züchten.

1898 wurde der russische Forscher Iwanowskij durch den deutschen Hygieniker Friedrich Löffler (1852–1915) bestätigt. Er nahm den Schaum von Tieren, die mit der Maul- und Klauenseuche befallen waren, reinigte ihn von allen Bakterien und Zellen und filterte ihn. Auch dieser »Saft« löste bei gesunden Tieren die die Maul- und Klauenseuche aus.

Damit waren aber bereits die Grundlagen für die Schutzimpfungen gelegt. Denn in rascher Folge fanden die Forscher immer neue Viren. Es gelang ihnen, Viren abzutöten oder soweit zu schädigen, daß sie dem gesunden Körper gegeben werden konnten. Dieser stellte die passenden Antikörper gegen die Viren her. Und somit war der Organismus gegen die entsprechende Krankheit vorübergehend oder gar lebenslang gefeit.

Sind Viren etwas Lebendiges?

Mit der Entdeckung der Viren begann das Abenteuer der Virusforschung aber erst richtig. Womit nur hatte man es bei diesen Krankheitserregern überhaupt zu tun? Waren die Viren überhaupt etwas Lebendiges, oder handelte es sich bei ihnen um eine Zwischenstufe zwischen Kristall und Leben? War man bei ihrer Entdeckung vielleicht auf die ersten, noch sehr primitiven Formen des Lebens überhaupt gestoßen?

So viel hatte man bald herausgefunden: Viren waren mit den übrigen Krankheitserregern überhaupt nicht zu vergleichen. Gewiß, sie konnten sich vermehren, aber nicht aus eigener Kraft und Anlage, sondern nur dann, wenn sie auf eine lebendige Zelle trafen. Ohne diese Begegnung blieben sie »tot«, leblos. Damit war eine Frage schon gelöst: Viren können nicht die ersten Formen des Lebens darstellen. Denn sie setzen ja als Schmarotzer anderes Leben – und zwar weit kompliziertere Lebensformen – voraus.

Viren besitzen eine Nukleinsäure, die die vererbbaren Eigenschaften weiterträgt. Sie entspricht dem Zellkern höher entwikkelter Lebensformen. Diese Nukleinsäure (DNS oder RNS) ist von einer Proteinhaut umhüllt. Nukleinsäuren aber sind die Grundbausteine des Lebens.

Solange dieses einfache Gebilde keiner lebenden Zelle begegnet, bleibt es leblos. Trifft es aber auf eine solche Zelle, dann beginnt ein teuflisches Spiel: Zuerst heftet sich das Virus an die Zellwand der Wirtszelle. Dann bohrt es mit Hilfe bestimmter Eiweißkörper ein Loch in diese Wand. Sobald dieses Loch groß genug ist, schickt es seine eigene Nukleinsäure in die befallene Zelle hinein. Bei manchen Viren kriecht sogar das ganze Virus in die Wirtszelle. Sobald das geschehen ist, wird die Zelle gezwungen, seine bisherigen Tätigkeiten einzustellen und statt dessen neue Viren zu produzieren. Das können bis zu hundert neue Viren sein, die in ihren Anlagen mit dem ursprünglichen Virus identisch sind. Der ganze Prozeß kann bei manchen Viren schon nach wenigen Minuten beendet sein. Bei anderen dauert er Tage.

Die neuen Viren sprengen nun die ausgebeutete Wirtszelle und machen sich auf den Weg, ihrerseits eine neue Zelle zu befallen, bei der sich der Vermehrungsprozeß wiederholt: Aus einem Virus sind 100 geworden. Es werden also im zweiten Angriff bereits 100 Zellen befallen, woraus 10000 Viren resultieren. Der dritte Angriff gilt 10000 Zellen, die Zahl der Viren erhöht sich auf 100 Millionen. Und so weiter. Das ist fast wie eine Explosion. Die Zellzerstörung geht in unglaublicher Geschwindigkeit vor sich und beschleunigt sich von Schritt zu Schritt.

Fast noch gefährlicher ist eine zweite Angriffsart, die man erst in unseren Tagen entdeckt hat: Bei ihr schleicht sich das Virus in die Zelle ein – nicht um sich dort zu vermehren. Es zerstört die Wirtszelle auch nicht. Statt dessen baut es seine Nukleinsäure in die Genkette der Wirtszelle ein, womit diese entartet. Bei jeder Vermehrung der Zelle wird der entstandene Fehler weitergegeben. Auf diese Weise entstehen beispielsweise manche Tumoren.

Es gibt sogar noch eine dritte Art des Überfalls der Viren auf Zellen. Und auch diese Einsicht ist noch recht neu: Viren können in der Wirtszelle DNS entwenden und sie in eine andere Zelle, die sie danach befallen, transportieren. Man nennt diesen Vorgang Transduktion. Auch damit werden Zelleigenschaften verändert. Es kommt zu Mutationen, also zu veränderten Genanlagen, die entsprechend Artveränderungen nach sich ziehen.

Es gibt durchaus ernstzunehmende Wissenschaftler, die sich intensiv mit den Viren befaßt haben und nun überzeugt davon sind, daß die Evolution des Lebens von den ersten primitiven Anfängen bis zur heutigen Vielfalt mit hochentwickelten komplizierten Organismen letztlich den Viren zu verdanken ist. Winzige Viren – etwa die großen Schöpfer?

Daß man überhaupt schon so viel über Viren weiß, grenzt fast an ein Wunder. Die Winzigkeit der Viren ist für uns nicht mehr zu begreifen. Ihre Größe schwankt zwischen 8 Nanometer, das sind 8 milliardstel Meter, und 300 Nanometer. Wahrscheinlich gibt es ganze Generationen noch viel kleinerer Arten, die wir nur noch nicht kennen. Doch schon bei den heute bekannten Viren sind die Größenunterschiede vergleichbar einer Maus und einem Elefanten.

Wollte man Viren ihrer Größe nach mit Bakterien vergleichen, dann müßte man auf das Verhältnis zwischen Bakterien und Menschen zurückgreifen. Welch eine riesige Welt im kleinen tut sich vor unseren Augen auf! Sie ist letztlich genauso unendlich wie die Welt im Großen mit ihren Sonnensystemen und Galaxien.

Das Staunen wird noch größer, erfährt man, daß Wissenschaftler heute Viren, diese unvorstellbar winzigen Geschöpfe, regelrecht zerlegen können. Zu Untersuchungszwecken werden beispiels-

weise Tabakmosaik-Viren in über 2000 Scheibchen zerschnitten. Auf diese Weise kann man dann ihre Struktur und ihren Aminosäurenaufbau erkennen. Es ist kaum zu glauben.
Die Virusforschung, die heute zu einem der wichtigsten Gebiete medizinischer Forschungsarbeit überhaupt gehört – entsprechend umfangreich wird sie betrieben – hat diese Krankheitserreger weitgehend entlarvt. In den letzten hundert Jahren sind gut ein Dutzend Nobelpreise an Virusforscher vergeben worden. Es ist ein überaus buntes, vielgestaltiges Bild, das sie unseren Augen erschlossen haben. Es gibt Viren, die aussehen wie lange Stäbchen. Andere erinnern an stachelige Kastanienhüllen. Wieder andere gleichen hochexplosiven Treibminen oder Weltraumraketen. Manche sind wunderschön ausgeformt wie kostbare Kristalle. Es gibt kugelförmige, ovale, fadenförmige, schraubenförmige, quadratische, geschwänzte Viren. Wir kennen heute viele hundert verschiedene Virenarten – und stehen wohl doch noch ganz am Anfang ihrer Erforschung.

Warum ist Viren so schwer beizukommen?

Alsbald nach dem ersten Blick in die Welt der Viren glaubten die Forscher und Wissenschaftler noch, es müßte relativ leicht sein, diese so einfach strukturierten »Parasiten« zu besiegen. Im Gegensatz zu anderen Krankheitserregern scheiden die Viren keine Gifte aus, die zur eigentlichen Krankheitsursache werden. Ihr Angriff auf den Organismus beschränkt sich auf den Befall und die Zerstörung der Körperzellen. Man müßte also, so sagten sich die Virologen, nur etwas finden, was diese Winzlinge daran hindert, sich zu vermehren.
Doch genau hier liegt das bis heute noch ungelöste Problem: Viren ernähren sich nicht und scheiden entsprechend auch nichts aus. Sie besitzen praktisch keinen Stoffwechselprozeß. Man kann sie also nicht vergiften. Und es ist auch unmöglich, ihnen die Nahrungsgrundlage zu entziehen. Sie bedienen sich ja des »Bau-

materials« und der Lebensprozesse der Wirtszelle. Solche Zellen sind im Körper aber milliardenfach vorhanden.
Deshalb gibt es nur zwei Möglichkeiten, den Viren beizukommen: Entweder man hindert sie daran, zu einer lebendigen Zelle zu gelangen. Das ist bei der Allgegenwart der Viren ein aussichtsloses Unterfangen. Viren können offensichtlich nicht nur Monate und Jahre in kristalliner Form auf ihre große Chance warten, sondern in dieser leblosen Form Jahrtausende »überwintern«. Eine ganze Reihe vermeintlich so mysteriöser Todesfälle unter Leuten, die uralte Pharaonengräber geöffnet haben, hat wohl mit Fluch und Zauber überhaupt nichts zu tun. Die Archäologen haben sich ganz einfach mit Viren infiziert und sind an dieser Infektion gestorben. Anders gesagt: Unser Organismus läßt sich vor Viren weder räumlich noch zeitlich schützen. Es wäre reine Illusion, wollte man darauf warten, daß ein bestimmtes Virus eines Tages ausgestorben ist.
Oder man sucht einen Weg, Viren zu zerstören – noch bevor sie sich an eine Zelle anheften konnten. Das können beispielsweise eiweißspaltende Enzyme. Davon wird später zu reden sein.
Ein dritter, allerdings sehr schwieriger Weg wäre, die Zellen vor Viren so zu schützen, daß sie unangreifbar für deren Angriffe werden. Das allerdings kann bislang wiederum nur das intakte Immunsystem des Körpers leisten.

Von Plasmodium, von Rickettsien zu den Viren

Wie unendlich schwierig es in der Praxis ist, Krankheitserreger zu identifizieren und eine Strategie gegen jeden einzelnen von ihnen zu entwickeln, zeigt ein kurzer Blick in die Geschichte der Infektionskrankheiten.
Ohne Übertreibung läßt sich feststellen: Infektionskrankheiten haben die Geschichte der Menschheit weit stärker beeinflußt und mehr Kriege entschieden als Feldzüge, Waffentechnik und Tapferkeit der Soldaten. Wenn im Mittelalter die deutschen Kaiser

die Alpen überquerten, um Rom zu erobern, wurden ihre Heere nicht von den Soldaten des Papstes, sondern von der Malaria besiegt. Sobald sie ihre Zelte in den Sumpfgebieten rund um Rom aufgeschlagen hatten, erkrankten die Krieger und starben zu Tausenden dahin. Wenn europäische Siedler versuchten, afrikanische oder südamerikanische Länder zu besiedeln, erging es ihnen nicht viel anders: Sie bekamen Gelbfieber, Malaria, Fleckfieber. In all diesen Fällen handelte es sich nicht um bakterielle Infektionen. Die Suche nach Art und Infektionsmodus dieser Erreger glich einer schwierigen Detektivarbeit.

Vor wenigen Jahrzehnten noch hat allein die Malaria jährlich drei Millionen Menschen dahingerafft. Bis zum Ende des 19. Jahrhunderts war man der Meinung, die Ursache dieser Krankheit wäre die schlechte Luft. Entsprechend gab man ihr den italienischen Namen »mal aria«, also schlechte Luft. Um 1880 entdeckte dann der französische Bakteriologe und Militärarzt in Algier, Charles-Louis A. Laveran (1845–1922), daß die roten Blutkörperchen malariakranker Patienten von Plasmodium befallen war, einem der einzelligen Urtierchen, die man Protozoen nennt. Doch damit war noch keineswegs geklärt, wie dieser Krankheitserreger in den menschlichen Körper gelangte. So viel wußte man immerhin: Durch Kontakt mit Kranken, deren Kleidung oder durch Tröpfcheninfektion kam keine Ansteckung zustande. Nach und nach wurde klar, daß die Krankheit nichts mit der schwülen, schlechten Luft in Sumpfgebieten zu tun hatte, sondern wahrscheinlich mit den Stechmücken, die es dort gab. Und dann, um die Jahrhundertwende, entdeckte man die genauen Zusammenhänge. Der Krankheitserreger entwickelte sich in der Stechmücke *Anopheles* und gelangte mit deren Biß in den menschlichen Körper. Die Mücke nahm das Plasmodium bei Erkrankten auf. In ihrem Körper entwickelte es sich weiter und wurde dann auf Gesunde übertragen. Der Krankheitserreger brauchte zu seiner Entfaltung also wechselweise Mücke und Mensch. Wenn ein Glied in der Kette ausfiel, konnte er sich nicht weiterverbreiten.

Damit gab es einen Weg, den Kreislauf zu unterbrechen: Man mußte nur die Mücke ausrotten, um die Krankheit zu besiegen. In

der Folgezeit sind riesige Moskito-Sumpfgebiete trockengelegt worden. Mit chemischen Insektiziden (DDT) rückte man der Stechmücke zusätzlich zuleibe. Die Malaria schien besiegt.
In jüngster Zeit zeigte sich allerdings, daß diese Ausrottungs-Strategie nicht zur Ausrottung der Malaria führte, sondern diese Krankheit nur noch gefährlicher machte. Es wurden nicht nur ganze Landstriche und deren wichtige Biotope zerstört. Die gefährliche Stechmücke ist mittlerweile weithin gegen Insektizide widerstandsfähig geworden – die Malaria wurde tückischer und tödlicher, als sie es jemals zuvor gewesen ist. Somit müssen wir momentan mit dem nicht gerade kleinen Risiko leben, daß die Malaria in naher Zukunft mit riesigen und gefährlicheren Seuchen erneut zuschlägt.
Mit der Entschlüsselung der Malaria war es zum erstenmal in der Geschichte der Infektionskrankheiten gelungen, als Erreger einen Mikroorganismus dingfest zu machen, der nicht zu den Bakterien gehörte. Es handelte sich aber auch nicht um ein Virus.
Aus Nordafrika kam über Spanien und den Balkan eine sehr ansteckende und gefährliche Krankheit nach Europa, die ganze Landstriche entvölkerte: das Fleckfieber *(Typhus)*. Auch in diesem Fall war keine bakterielle Infektion gegeben. Im Ersten Weltkrieg zwang die Infektionskrankheit die österreichischen Truppen zum Rückzug aus Serbien, was dem Krieg zumindest an der Ostfront eine entscheidende Wende brachte. Der französische Bakteriologe Charles Nicolle (1866–1936), Leiter des Pasteur-Instituts in Tunis, erkannte als erster die Zusammenhänge. Er beobachtete, daß sich das Fleckfieber in den Kliniken nicht ausbreitete. Pflegepersonal und Ärzte steckten sich nicht an. Es gab also ganz offensichtlich auch in diesem Fall keine direkte Übertragung von Mensch zu Mensch. Stechmücken als Zwischenträger schieden aus. Nicolle fragte sich, wer sonst in Frage kommen könnte und was innerhalb der Kliniken so völlig anders sei als draußen in den Wohnungen der Bevölkerung.
Des Rätsels Lösung war bald gefunden: Alle Patienten, die in die Klinik eingeliefert wurden, unterzog man noch vor jeder Behand-

lung einer gründlichen Körperreinigung. Die Patienten wurden gebadet. Man kleidete sie neu ein – und man entlauste sie! Hier lag der Schlüssel: Der Überträger des Fleckfiebers mußte die Kleiderlaus sein. Als Erreger der Infektionskrankheit entdeckte man die sogenannten Rickettsien. Es handelt sich dabei um Kranheitserreger, die kleiner als Bakterien sind, genannt nach ihrem Entdecker, dem US-Pathologen Howard T. Ricketts (1871–1910). Sie sind deutlich kleiner als Bakterien, gehören aber auch nicht zu den Viren. Sie besitzen einen eigenen Stoffwechsel, so daß sie etwa mit Antibiotika unschädlich gemacht werden können. Das Fleckfieber ist jedoch hauptsächlich durch Bekämpfung der Läuse weithin besiegt worden.

Howard T. Ricketts hat sich beim Versuch, die Entstehung des Fleckfiebers über den Zwischenträger Kleiderlaus zu beweisen, selbst infiziert und ist schon mit 39 Jahren an der Krankheit gestorben.

Genau so wie der wagemutige Forscher Jesse W. Lazear beim Versuch, die Infektion mit Gelbfieber zu erklären. Um die Jahrhundertwende wurde Brasiliens Hauptstadt Rio de Janeiro von einer tödlichen Epidemie heimgesucht, an der nahezu alle Erkrankten meistens innerhalb einer Woche starben. Wiederum beobachteten die Ärzte, daß es keine direkte Ansteckung gab. Es mußte also nach einem Zwischenträger gesucht werden. In diesem Fall stand eine Stechmücke im Verdacht. Um den Beweis zu liefern, ließ sich Jesse Lazear im Seuchengebiet von einer Moskitomücke mit dem Namen *Aedes aegypti* stechen – und starb am Gelbfieber.

Der Erreger des Gelbfiebers ist nun aber ein Virus. Es hat schon Napoleon aufgehalten, als er Mittelamerika besetzen wollte. Und es hat den Bau des Panamakanals über Jahrzehnte verzögert. Man konnte die Arbeiten erst durchführen, nachdem der ganze Landstrich trockengelegt worden war. Trotzdem starben noch Zehntausende der Arbeiter am Gelbfieber.

Im Unterschied zum Plasmodium und den Rickettsien braucht das Gelbfieber-Virus den Zwischenträger Stechmücke aber nicht, um sich in ihrem Organismus weiterzuentfalten. Trotzdem

scheint eine Ansteckung ohne Mücke unmöglich. Seit dem Auftauchen des HIV-Virus wissen wir, daß es Viren gibt, die nur dann »virulent« werden können, wenn sie direkt ins Blut gelangen. Möglicherweise ist das auch beim Gelbfieber-Virus so.
Es könnte aber auch sein, daß dieses Virus die Stechmücke braucht, um in ihr erst »lebendig« zu werden.
Wie das gemeint ist, das erklärt ein Experiment, das der amerikanische Biochemiker Wendel M. Stanley 1935 durchgeführt hat. Ihm gelang es, aus zerstampften Tabakablättern, die vom Tabakmosaikvirus befallen waren, das Virus in reiner Form zu isolieren. Das Ergebnis war verblüffend und schien alle Vorstellungen von Leben auf den Kopf zu stellen: Der Forscher hatte wunderschöne Kristalle vor sich, scheinbar also etwas völlig Lebloses, vergleichbar einem winzigen Bergkristall. Nichts Lebendiges war bis dahin jemals kristallisiert worden. Als Stanley dieses Kristall in einer bestimmten Flüssigkeit löste, wurde es überaus lebendig und fähig, seine zerstörerische Kraft voll zu entfalten. Und das war noch viel verwunderlicher.
Es könnte also durchaus sein – zumindest ist das eine plausible Theorie, daß der Gelbfieber-Virus den Magensaft oder bestimmte Enzyme im Verdauungstrakt der Stechmücke braucht, um damit seine kristalline Form aufzulösen und »lebendig« zu werden.
Heute ist in unserer Heimat ein Virus besonders gefürchtet, das ebenfalls über ein blutsaugendes Insekt übertragen wird und eine Hirnhautentzündung *(Encephalitis)* auslösen kann. Das Virus encephalitis gelangt beim Zeckenbiß in das Blut. Da die Zecken zu den Milben gehören und auch andere Milben sehr häufig Überträger von Viren sind, sei hier schon auf die große Bedeutung der Hygiene im Kampf gegen die Viren hingewiesen. Vor allem die Wohnungsmilben, die sich von Schimmelpilzen ernähren, spielen nicht nur als Auslöser von Allergien eine große Rolle. Sie können auch Infektionskrankheiten übertragen. Es gilt deshalb rigoros gegen Schimmelpilze als auch gegen Milben anzugehen – auch und gerade bei Haustieren.

Bakteriophagen, die »Bakterienfresser«

Die deutlichsten Einblicke in das Wesen der Viren lieferten Forschungsarbeiten mit Viren, die Bakterien befallen, die sogenannten Bakteriophagen. Sie sind in der Regel auf bestimmte Bakterien spezialisiert und greifen aller Wahrscheinlichkeit nach nur sie an. Sie sehen aus wie ein technisch konstruiertes Gebilde mit einem kristallartigen Kopf und mit einem schwanzartigen Fortsatz, von dem aus noch geißelartige Fäden ausgehen.

Über diese Phagen weiß man heute deshalb so viel, weil sich infizierte Bakterien im Reagenzglas züchten lassen, so daß man den Vorgang der Phagenvermehrung beobachten kann. Um einen gewissen Forschungsstandard zu erreichen, haben sich die wichtigsten virologischen Forschungslabors darauf geeinigt, ihre Anstrengungen auf dieses Virus zu konzentrieren und die Forschungsergebnisse dann auszutauschen.

Die Phagen setzen sich mit dem Schwanz an der Bakterie fest – wie winzige Flöhe, die sich in die Haut eines Hundes verbeißen. Dann scheint einige Minuten lang überhaupt nichts zu geschehen. Der Phage, zumindest seine Eiweißhülle, sitzt unbeweglich auf dem Bakterium. Nach einer halben Stunde aber platzt das Opfer auf, und es ergießen sich Hunderte ausgewachsener Viren nach außen – auf der Suche nach einer anderen Bakterie, mit deren Hilfe sie selbst sich nun weiter vervielfältigen können. Es gilt als gesichert, daß der Phage, nachdem er sich am Bakterium festgekrallt hatte, mit Hilfe bestimmter Einweißstoffe ein Loch in die Bakterie »gefrüßt« hat, um seine Nukleinsäure – RNS oder DNS – in das Bakterium zu schleusen. Inzwischen weiß man auch, daß zur Vervielfältigung von Viren die Proteinhülle nicht notwendig ist. Löst man die Nukleinsäure von der Hülle ab und bringt man sie in eine lebende Zelle – oder wie in diesem Fall in ein Bakterium – dann vollzieht sich der Vervielfältigungsprozeß, als hätte das komplette Virus seinen Angriff gestartet. Es entstehen bei der Vervielfältigung nicht etwa nur neue Nukleinsäuren, sondern vollständige Viren mit ihrer Eiweißhülle. Die Hülle selbst, so könnte man es bezeichnen, ist nur der leblose Schutzpanzer, der

wohl niemals lebendig wird. Das Leben existiert in der Nukleinsäure. Die Hülle selbst ohne Nukleinsäure kann auch keine Infektion auslösen.
Die Wissenschaftler haben sogar schon Nukleinsäuren bestimmter Viren in die Hüllen anderer Arten »verpackt« und damit den Vermehrungsprozeß ebenfalls in Gang gesetzt. Die »Nachkommen« dieser »Zwitterwesen« waren aber keinesfalls wieder »Zwitter« mit der Nukleinsäure des einen und der Hülle des anderen Virus, bestehend also aus den Teilen beider ursprünglicher Viren, sondern sie waren Viren entsprechend der Nukleinsäure – mit der richtigen, passenden Hülle.
In den 60er Jahren entdeckte der Mikrobiologe T. O. Diener ein besonders winziges Virus, das offensichtlich nur aus einer »nackten« RNA-Kette bestand, also keine schützende Hülle besaß. Er gab dieser Mini-Virus-Art, die tausendmal bis hunderttausendmal kleiner ist, als die bisher bekannten Viren, den Namen Viroiden. Inzwischen kennt man eine ganze Reihe dieser Krankheitserreger, die vor allem Pflanzenerkrankungen auslösen.
Doch den Weg hinein in die Winzigkeit sind wir noch längst nicht zu Ende gegangen: Die jüngste Entdeckung sind die sogenannten Prionen *(proteinaceus infectious particles)*. Sie unterscheiden sich wiederum von Viren und Viroiden und sind die bisher kleinsten bekannten infektiösen Partikel. Mit Sicherheit bestehen sie aus Proteinen. Ob sie auch eine winzige Nukleinsäure besitzen, was eigentlich sein müßte, ist noch ungeklärt. Jedenfalls erweisen sich die Prionen als extrem resistent gegenüber Enzymen, mit denen man sonst Nukleinsäuren auflösen kann. Zu diesen Prionen gehören die Erreger der Scrapie, eines Nervenleidens bei Schafen. Wahrscheinlich sind sie auch ursächlich beteiligt an so schlimmen Krankheiten wie Parkinson-Syndrom, Alzheimer-Krankheit, Diabetes und manchen Krebsarten.
Faszinierend diese Welt der unvorstellbar winzigen Erreger, die so schreckliche Leiden auslösen können! Doch welche riesige Forschungsarbeit wird noch nötig sein, sie wirklich zu enträtseln!

3

Was der Medizin bisher gegen Viren gelang

Wir nehmen es als selbstverständlich hin, wenn wir von neuen Medikamenten oder Methoden der Medizin erfahren. Dabei machen wir uns keine Vorstellung, welche riesigen Anstrengungen, Opfer, wieviel Verzicht und Enttäuschung nahezu in jedem Fall dahintersteckt – und wie oft sich die Arbeit der »stillen Helden« dann doch als einziger Fehlschlag herausstellt. Das gilt speziell und gerade im Fall der Virusforschung. Lesen Sie einmal, was in einem der spektakulärsten Forschungsvorhaben, der Entdeckung der »Interferone«, alles versucht wurde – und wieviel geradezu erschütternde Enttäuschung mit dieser bahnbrechenden Virus-Forschung verbunden war:

Kreuzweg »Interferon«

»Haben Sie schon gelesen?« fragte Dr. Alick Isaacs, einer der führenden Biologen Englands, und schob seinem Besucher, Dr. Jean Lindenmann aus der Schweiz, einen rot angekreuzten Artikel der »Times« vom 17. August 1956 zu. »Schon 150 Todesopfer durch ansteckende Hirnhautentzündung«, stand da zu lesen.

»Sie haben sicher schon davon gehört. Ist es nicht deprimierend? Da forschen wir nun seit Jahrzehnten und kommen diesen verflixten Viren einfach nicht bei. Haben Sie uns vielleicht eine Idee mitgebracht, die uns einen Schritt weiterhelfen könnte?«

Dr. Lindenmann, ebenfalls Biologe, zögert. Er ist an das National Institut für medizinische Forschung in Mill Hill bei London gekommen, weil er gehört hatte, die Engländer verfolgten eine vielversprechende Spur in der Virenbekämpfung. Die »asiatische« Grippewelle, die soeben verheerend über die ganze Welt gerollt war, hatte erneut besonders nachdrücklich auf dieses Problem hingewiesen und deutlich gemacht, wie hilflos die Medizin den Virus-Erkrankungen gegenübersteht. »Wir bauen Atombomben und können die Erde in Schutt und Asche legen – aber ein Mittel gegen den Schnupfen gibt es nicht«, schimpfen die geplagten Menschen.

»Wir treten auf der Stelle«, bekennt Dr. Lindenmann. »Die größten Sorgen macht uns die Wandlungsfähigkeit der Viren. Was nützen die besten Impfstoffe, wenn das Virus schon wieder anders geworden ist, noch ehe der Impfstoff dagegen in den Handel gelangte? Der Wettlauf ist auf Dauer nicht zu gewinnen und wird immer aussichtsloser. Mit Schutzimpfungen kommen wir nicht weiter. Ebenso hoffnungslos erscheint der Weg, nach speziellen Mitteln gegen die Masern, gegen Tollwut oder die Grippe zu suchen. Wir brauchen endlich etwas, das alle Virenarten gleichzeitig vernichtet.«

Dr. Isaacs nickt. »Genau das ist auch unsere Meinung. Aber wo sollen wir in der Forschung ansetzen?«

Die Assistentin bringt gerade den Tee, ordnet das Geschirr auf dem Tisch und gießt ein, da fällt der entscheidende Satz, der die Menschheit wieder einmal einen großen Schritt voranbringen sollte. Wer hat ihn ausgesprochen? Dr. Isaacs? Oder Dr. Lindenmann? Die beiden Biologen werden es hinterher nicht mehr sagen können. Für sie ist das auch völlig bedeutungslos. Denn fortan sind sie gemeinsam elektrisiert, gefangengenommen von einer faszinierenden Idee. Der alles entscheidende

Satz aber lautet: »Man müßte herausfinden, wieso ein Kind, das die Masern hat, nicht gleichzeitig auch die Windpocken bekommt.«

Das ist die Sternstunde, die schließlich zur Entdeckung von »Interferon« führt: eine lockere Plauderei bei einer Tasse Tee. Noch können Dr. Isaacs und Dr. Lindenmann nicht wissen, worauf sie wirklich gestoßen sind. Noch ahnen sie in ihren kühnsten Träumen nicht, daß es der Wissenschaft dank dieser Überlegung gelingen würde, einen ganz wichtigen Schritt in der Virusforschung zurückzulegen. Ein Schritt, der auch für die Krebstherapie so bedeutsam werden sollte, daß weltweit ein unfaßbarer Wettlauf um die Gewinnung von Interferon einsetzen würde. Allein amerikanische Pharmafirmen geben jährlich rund 200 Millionen Dollar für die Forschung und Herstellung von Interferon aus.

Dr. Isaacs und Dr. Lindenmann ahnen allerdings auch nicht, wie mühevoll der Weg bis dahin sein würde, wieviel Mißerfolg, Enttäuschungen und Rückschläge verkraftet werden müssen, ehe sich die ersten Erfolge einstellen. Leider sollte Dr. Isaacs den Siegeszug seiner Entdeckung selbst nicht mehr erleben. Er starb, noch bevor das Wort Interferon, das er für das neue Heilmittel gefunden hatte, weltweit bekannt geworden war.

Die große Entdeckung, die er zusammen mit Dr. Lindenmann machte, ging von der einfachen Frage aus: Warum ist ein Körper, der gerade eine Virusinfektion durchmacht, gegen jede andere Virusinfektion praktisch gefeit – obwohl er in diesem geschwächten Zustand eigentlich besonders anfällig sein müßte?

Schon kurz nach dem Zweiten Weltkrieg hatten britische Wissenschaftler im Tierversuch nachgewiesen, daß Affen kein Gelbfieber bekommen, wenn sie zuvor mit einem anderen Virus infiziert wurden. Auch wußte man seit langem, daß ein masernkrankes Kind nicht auch noch an der Grippe oder an Röteln erkrankt. Denn soviel stand fest: Mit dem, was man landläufig die Abwehrkräfte des Körpers nennt und was bis dahin darüber bekannt war, konnte es nicht zusammenhängen. Denn diese Abwehrkräfte sind mit ihren Antikörpern hochspezialisiert gegen den einen Virustyp

– aber machtlos gegen alle andersartigen Viren. Und gerade diese Tatsache machte es ja so schwierig, ein Mittel gegen Schnupfen zu finden, der von nicht weniger als rund 100 verschiedenen Viren verursacht wird. Abgesehen von dem reinen Abwehrkampf des Immunsystems gegenüber Viren mußte zwischen den Körperzellen irgend etwas vor sich gehen, das bisher nicht bekannt war. Das war die Ausgangssituation, gefunden beim Teegespräch.
Nun machten sich die beiden Biologen an die Arbeit. Sie lösten aus kurz angebrüteten Hühnereiern die dünne Haut, mit der die Eierschalen innen ausgekleidet sind. Diese lebende Haut ist nämlich der ideale »Nährboden« für Viren. Sie brachten Viren auf dieses Gewebe und beobachteten die fortschreitende Infektion.
Im Labor in Mill Hill verlief alles planmäßig. Die Nährzellen der Eihaut wurden befallen, die Viren vermehrten sich sehr rasch. Die zweite Virussorte dagegen, die etwas später hinzugegeben wurde, konnte, wie erwartet, keinen Fuß fassen. Nach und nach entdeckten Dr. Isaacs und Dr. Lindemann auch warum: Die bereits kranken Zellen stellten einen Eiweißstoff her, gewissermaßen einen »Eilboten«. Den schickten sie zu den noch gesunden Zellen: »Achtung, Virusangriff!« Und die gesunden Zellen, die diese Nachricht bekamen, reagierten sofort. Sie bildeten ganz bestimmte Enzyme, die dafür sorgten, daß ein Virus, sollte es in die Zelle eingedrungen sein, sich darin nicht vervielfältigen konnte.
Den »Botenstoff«, der von der virusbefallenen Zelle zu den noch gesunden Bausteinen unseres Körpers geschickt wird, nannten die Forscher »Interferon« – ein Kunstwort, gebildet aus dem englischen »to interfere«: dazwischentreten, unterbrechen. Das Phantastische an diesem körpereigenen Virenabwehrmittel: Es wirkt gegen alle Virusarten gleichermaßen, blockt also nicht nur, wie andere Abwehrkräfte, eine ganz bestimmte Sorte ab. Heute weiß man zudem, daß Interferon auch eine Wirkung auf das Zellwachstum besitzt: Krebstumore werden kleiner, sobald Interferone in das Zellgefüge gegeben werden.
Wieder einmal ist ein Einblick in die wunderbaren Vorgänge des

Organismus gelungen. Vorgänge, die sich millionenfach in jeder Sekunde unseres Lebens abspielen – ohne daß wir etwas davon ahnen oder spüren und ohne unser geringstes Zutun. Es ist gerade so, als lebte in jeder unserer vielen Milliarden Körperzellen eine eigene Intelligenz, die das Zusammenspiel der chemischen und physikalischen Kräfte regelt.

War das ein Jubel im Biologielabor in Mill Hill! Der sonst so zurückhaltende Engländer Dr. Isaacs und der temperamentvolle Schweizer Dr. Lindenmann mit dem silbergrauen Wuschelkopf fielen sich in die Arme.

»Der Weg zum Mittel gegen den Schnupfen ist frei«, frohlockte Dr. Isaacs. »Endlich besteht eine greifbare Möglichkeit, die Viren wirksam zu stoppen.« Dr. Lindenmann stimmte zu: »Der Rest müßte eigentlich Routine sein. Wir brauchen das Interferon nur noch aus dem Gewebe herauszufiltern.« Diese Hoffnungen sollten bald bitter enttäuscht werden.

Im November 1956 faßten die beiden Forscher ihre Entdeckung in einem wissenschaftlichen Bericht zusammen, der im Frühjahr 1957 in der Fachzeitschrift »Proceedings of the Royal society« veröffentlicht wurde. Das Echo war enttäuschend. So schön sich die Entdeckung auch anhörte, es schien unmöglich zu sein, Interferon in brauchbaren Mengen zu gewinnen. Selbstverständlich war dieses Problem auch Dr. Isaacs und Dr. Lindenmann nicht verborgen geblieben. Daß es allerdings so schwierig sein würde, auch nur winzige Spuren des Wirkstoffes einigermaßen rein, also ohne Beimengung anderer Substanzen, zu gewinnen, das konnten sie nicht ahnen.

Alle Forscher, die sich hoffnungsvoll, begeistert daran gemacht hatten, Interferon zu produzieren, gaben bald wieder auf. Entweder fehlten ihnen die technischen Voraussetzungen für die Gewinnung von Interferon oder sie hatten einfach nicht ausreichend finanzielle Mittel.

Das Wort Interferon geriet, so schien es, in Vergessenheit. Nur in einem Comic strip tauchte es 1960 noch einmal als »Wunderdroge« auf. Dann wurde es still darum. »Ich erspare mir viele Jahre der Frustation«, bekannte Dr. Lindenmann und kehrte

1960 entmutigt nach Zürich zurück. Sein Partner Dr. Isaacs starb 1967 an einem Gehirntumor.
Der zweite große Anlauf, Interferon als Virenmittel praktisch verwertbar zu machen, begann an einem Weihnachtsabend in Schweden. Der junge schwedische Medizinstudent Hans Strander sitzt enttäuscht und gelangweilt unter dem Christbaum im Stockholmer Studentenheim. Er sucht nach einer Möglichkeit, unauffällig zu verschwinden, denn der allgemeine Weihnachtstrubel hat ihn gründlich verstimmt. Da tritt ein junger Mann auf ihn zu: »Ich bin Leif Wainio aus Helsinki«, sagt er zu Strander und prostet ihm zu. Das ist eine schicksalhafte Begegnung. Dr. Wainio kommt gerade aus London und erzählt den staunenden Studenten von dem, was er dort bei Dr. Lindenmann und Dr. Isaacs über das vielversprechende neue Mittel Interferon erfahren hat.
»Interferon ...« schwärmt der junge finnische Virenforscher, »das ist die Entdeckung unseres Jahrhunderts. Viel wichtiger noch als das Penicillin. Es eröffnet ungeahnte Möglichkeiten im Kampf gegen die Viren. Ich war dabei, als dieser Wunderstoff des Körpers im Institut für medizinische Forschung in Mill Hill nachgewiesen wurde. Glauben Sie mir: Diese Entdeckung stellt alle medizinischen Errungenschaften in den Schatten.«
Voller Begeisterung erzählt Dr. Wainio von Interferon und erklärt dem jungen Kollegen, wie es vermutlich im Organismus wirkt. »Jetzt gilt es, diesen körpereigenen Stoff zu isolieren. Wenn das geschafft ist, haben auch die schlimmsten Viren ihre Gefährlichkeit eingebüßt. Wir werden uns in Helsinki jetzt ausschließlich dieser Aufgabe widmen.«
Stranders Freunde sind nach und nach gegangen. Er sitzt noch immer mit Dr. Wainio zusammen und kann nicht genug über Interferon erfahren. Längst sind Enttäuschung und Verstimmung verflogen. Schließlich sagt er: »Das ist die Zukunft. Was sitze ich eigentlich noch hier in Stockholm herum? Darf ich Ihnen helfen, Interferon zu gewinnen?« Das war am Weihnachtsabend des Jahres 1961. Danach brach Hans Strander sein Medizinstudium ab und ging nach Helsinki.

Ob er auch dann gegangen wäre, wenn er geahnt hätte, daß fünf Jahre vergehen werden, ehe ein erstes, sichtbares Ergebnis gefunden wird? Daß alle anderen außer ihm, Dr. Wainio und dem neuen Kollegen Dr. Kari Cantell aufgeben werden – selbst die beiden Entdecker des Interferons, Dr. Isaacs und Dr. Lindenmann? Wahrscheinlich schon. Denn von Anfang an fesselte ihn an Interferon ein ganz neuer Blickpunkt, den bisher niemand beachtet hatte: Viren verursachen nicht nur Warzen, Lippenbläschen, schwere, oft tödliche Erkrankungen wie Kinderlähmung, Pocken, Tollwut. Sie sind auch zumindest bei einigen Krebserkrankungen beteiligt. In Tierversuchen hatte man schon 60 Virusarten nachgewiesen, die Krebs auslösen können. Sollte Interferon nicht nur ein Anti-Virus-Stoff, sondern auch ein wirksames Krebsmittel sein?
Hans Strander wird in die Geschichte eingehen als der Arzt, der zum erstenmal Interferon am berühmten Karolinska-Krankenhaus in Stockholm eingesetzt hat. Mit sensationellem Erfolg. In kurzer Zeit hat er rund 700 Tumorkranke mit Interferon behandelt, darunter Patienten, die kaum mehr eine Chance auf Rettung hatten oder sogar schon aufgegeben waren. Leute mit einer der gefährlichsten Krankheiten: Knochenkrebs!
Drei Jahre nach seinem ersten klinischen Test mit Interferon waren noch 70 Prozent aller Patienten am Leben. So wie der »Testpatient« Leif Elo. 1976 bekam er am linken Bein direkt unter dem Knie plötzlich heftige Schmerzen: Knochenkrebs. Die Ärzte mußten das Bein amputieren. Das ist bisher in einem solchen Fall die einzige Überlebenschance. Auch der junge Ted Kennedy, der Sohn von Senator Edward Kennedy, verlor 1974 wegen Knochenkrebs ein Bein. Er besiegte den Krebs dank der schnellen und radikalen Methode.
Leif Elo hatte weniger Glück. Schon ein Jahr nach der Operation wurden in seiner Lunge Metastasen festgestellt. Ausgeschwemmte, vom Blut mitgerissene Tochterzellen des ursprünglichen Tumors hatten sich in der Lunge angesiedelt, um dort heranzuwachsen. In einem solchen Fall besteht normalerweise wenig Hoffnung. Doch nun kam das Glück doch noch zu dem

kranken Kraftfahrer: Dr. Hans Strander übernahm seine Behandlung. Er gab ihm Interferon. Und hatte Erfolg damit. Die Geschwulste in der Lunge wurden kleiner und waren eineinhalb Jahre später völlig verschwunden. Leif Elo wurde gesund.

Solche Ergebnisse machten Interferon weltberühmt. Doch bevor es soweit war, sollten noch über 20 Jahre vergehen. In Helsinki fand der Medizinstudent, der in seiner Begeisterung seine Zukunft aufs Spiel gesetzt hatte, alles andere, nur keine idealen Voraussetzungen für eine wissenschaftlich exakte und erfolgversprechende Forschung vor. Das »Labor«, in dem er mit seinen finnischen Kollegen Dr. Wainio und Dr. Cantell fortan arbeitete, war nicht mehr als eine bessere Waschküche. Kein Geld. Kaum Geräte und Instrumente. Keinerlei Unterstützung. Die drei »Fanatiker«, wie Freunde und Experten sie gerne nannten, besaßen nicht viel mehr als ihre Überzeugung und die unbändige Hoffnung: »Wir werden es schaffen.« Aus der ursprünglich so großen Schar der Interferon-Forscher zu Beginn der 60er Jahre war nicht mehr übrig geblieben als . . . ein paar leidenschaftliche Gläubige, die schließlich den Weg bahnten», wie es 1980 der englische Interferon-Spezialist Dr. Frances Balkwill voller Bewunderung formulierte.

Warum hatten die ersten Pioniere wie Dr. Isaacs, Dr. Lindenmann und alle anderen an Interferon zu zweifeln begonnen und die Forschung mit dieser Substanz aufgegeben? Weil sie sehr schnell, noch während der Laborarbeiten damit, dahintergekommen waren: Es funktioniert nicht. Interferon ist ein so spezieller Stoff, daß er nur bei der Art wirkt, die ihn selbst herstellt. Interferon von Hühnern besiegt Viren im Körper von Hühnern – aber nirgendwo sonst. Interferon von Mäusen hilft nur bei Mäusen. Will man also mit Interferon Menschen helfen, dann braucht man menschliches Interferon. Alles andere wäre völlig wirkungslos. Aber: Wie sollte es gewonnen werden? Etwa, indem man Menschen mit Viren infiziert und ihnen dann mit Interferon angereicherte Zellen entnimmt? Völlig unmöglich. Es gibt zwar relativ harmlose Viren, möglicherweise sogar nützliche Viren. Doch mit diesen unheimlichen Wesen zwischen Leben und Tod durfte man nicht in menschlichen Organismen spielen. Trotz jahrzehntelanger Forschung weiß man viel zu wenig über sie. Außerdem: Der lebendige Körper, und nur in ihm gibt es Interferon, produziert dieses Anti-Viren-Mittel nur im Notfall und auch dann in so verschwindend kleinen Mengen, daß man viele tausend Menschen hätte krank machen müssen, um auch nur Spuren von Interferon zu gewinnen. Das also war kein Weg zur Gewinnung von Interferon in größeren Mengen.

Hans Strander und seine beiden finnischen Freunde waren in den Jahren ihrer Forschung oft am Ende einer Sackgasse angelangt und nahe daran, ebenso wie vor ihnen alle anderen Wissenschaftler aufzugeben. Aber sie kapitulierten nicht. »Interferon war für mehr als 20 Jahre mein Steckenpferd und mein wichtigstes wissenschaftliches Ziel«, sagt Dr. Kari Cantell heute voller Stolz. Er besitzt einen ebenso harten Dickschädel wie sein Kollege Hans Strander. Und so ging es trotz aller Schwierigkeiten immer wieder weiter. »Man hält uns für Narren. Namhafte Wissenschaftler sehen in unseren Zielen nur ein Hirngespinst, eine Utopie. Aber wir drei glauben an Interferon«, schrieb Hans Strander nach zweijähriger verbissener, aber erfolgloser Arbeit in Helsinki in sein Tagebuch.

Und dann schien alles doch umsonst gewesen zu sein. 1965 wurde Dr. Wainio, der junge Finne, der Hans Strander unter dem Weihnachtsbaum für Interferon begeistert und dann nach Helsinki mitgenommen hatte, mitten aus der Arbeit gerissen. Er kam bei einem Autounfall ums Leben. Das schien das endgültige Aus zu sein.

Doch beschlossen Hans Strander und Dr. Cantell nach diesem schrecklichen Verlust ihres Freundes: »Wir machen weiter. Das sind wir unserem verstorbenen Freund schuldig.« Und sie machten weiter – und wesentlich erfolgreicher als bisher. Dr. Cantell mußte die Lücke schließen, besann sich auf sein Spezialgebiet – und wuchs über sich selbst hinaus. Ursprünglich Experte für weiße Blutkörperchen, hatte er sich jahrelang darum bemüht, sie entsprechend ihrer Aufgaben, in Klassen einzuteilen und ihre Wirkungsweise zu studieren. Und er sagte sich: Weiße Blutkörperchen sind im Gegensatz zu den roten Blutkörperchen lebendige Zellen im menschlichen Körper. Man kann sie aus dem Blut herausfiltern und in einer bestimmten Nährlösung dafür sorgen, daß sie weiterleben. Eigentlich müßten sie, bringt man sie mit Viren zusammen, ebenfalls Interferon absondern. Und so war es.

Im Dezember 1968, es war wiederum kurz vor Weihnachten, hielten Dr. Cantell und Hans Strander zum erstenmal eine winzige Masse Interferon in Händen – gewonnen mit Hilfe einer riesigen Apparatur, herausgefiltert aus einer Lösung, in der sich weiße Blutkörperchen und harmlose Viren befanden. Allerdings: Mit diesen verschwindend geringen Mengen war nichts anzufangen. Der Weg war bekannt – mehr auch nicht. Woher hätten die beiden Forscher die großen Mengen Blut nehmen sollen? Wer hätte ihnen die unvorstellbaren Massen weißer Blutkörperchen geliefert, die benötigt wurden?

Wieder einmal schienen die Schwierigkeiten unüberbrückbar. Aber einmal mehr sollte der Zufall weiterhelfen. Der Zufall in Form einer überraschenden, unverhofften Begegnung.

An einem grauen, unfreundlichen Dienstagmorgen fuhren Hans Strander und Dr. Kari Cantell in Helsinki im Bus der Linie 63 zu ihrem Institut. Seit mehr als sieben Jahren versuchten sie nun gemeinsam in ihrem Labor das kostbare, vielversprechende Interferon als Heilmittel gegen Viren und Krebs in die Hand zu bekommen. Da vernahmen sie hinter sich eine Stimme: »Wie kommen Sie denn voran? Ich habe läuten hören, Sie stünden unmittelbar vor dem Ziel?«

Die beiden Forscher wandten den Kopf. Und erkannten einen der leitenden Angestellten des finnischen Roten Kreuzes. »Schön wär's«, sagte Dr. Cantell. »Leider wissen wir im Augenblick überhaupt nicht, wie es weitergehen soll. Wir bräuchten Blut. Riesige Mengen menschliches Blut. Doch woher nehmen?«

Der Mann vom Roten Kreuz schwieg einen Augenblick. Dann fragte er: »Wenn ich richtig informiert bin, dann brauchen Sie doch nicht das ganze Blut, sondern lediglich die weißen Blutkörperchen? Wissen Sie eigentlich, daß wir in unserer Zentrale die weißen Blutkörperchen aus dem Spenderblut herausfiltern und praktisch wegwerfen? Warum holen Sie sich diesen Abfall nicht?« Dr. Cantell und Hans Strander sahen sich zunächst verblüfft an, dann stürmten sie aus dem Bus zur Blutbank des Roten Kreuzes.

In den 50er Jahren sind die Mediziner mehr und mehr dazu übergegangen, keine Blutvollkonserven mehr zu verwenden. Das Blut wird statt dessen vor seiner Verwendung zerlegt und gereinigt. In Zentrifugen schleudert man es, wobei sich wie der Rahm von der frischen Milch die roten Blutkörperchen von den weißen und vom sogenannten Blutserum trennen. Ganz unten sind dann die roten Blutkörperchen, darüber schwimmen die weißen und ganz oben ist eine fast wasserhelle Flüssigkeit. Wenn ein Unfallverletzter eine Bluttransfusion braucht, dann sind nur die roten Blutkörperchen nötig. Alles andere könnte nur stören. Deshalb also schöpft man die weißen Blutkörperchen ab. Das kam den Forschern in Helsinki entgegen. Und es rettete die Interferon-Forschung. Endlich war es möglich geworden, so viel Interferon zu gewinnen, daß damit erste Heilversuche unternommen werden konnten. Das hört sich allerdings einfacher an, als es in Wirklichkeit ist. Zuerst müssen relativ harmlose Viren gezüchtet werden. Man tut das, indem man Hühnereier infiziert. Die so gewonnenen Viren werden dann mit den lebenden weißen Blutkörperchen zusammengebracht. Sie wehren sich gegen den Überfall, wobei sie Interferon herstellen und absondern. Jetzt muß dieses Interferon von den weißen Blutkörperchen getrennt und von einer Reihe anderer Eiweißstoffe gereinigt werden. Das so gewonnene, nun mehr endgültige Interferon-Konzentrat ist noch immer so unrein und so dünn, daß auf 999 Teile verschiedener Substanzen nur ein einziger Teil Interferon kommt – ein Promille der Lösung also. Wollte man das Interferon noch weiter reinigen, stiege sein Preis ins Unermeßliche. Niemand könnte es mehr herstellen, niemand mehr verkaufen. Auch so schon kostete ein einziges Gramm der Interferon-Lösung noch immer 100 Millionen Mark. Damit war dieser Stoff kostbarer als alle Schätze dieser Welt. Dr. Cantell und die begeisterten Finnen jedenfalls schafften es bald darauf, die Zahl der Blutspender ganz drastisch zu erhöhen. Und die Interferon-Produktion lief dann im großen Stil an. Allein im Jahre 1978 stellte Cantell mit seinen Mitarbeitern 5000 Liter Interferon-Lösung her. Dazu waren 54000 Liter Spenderblut nötig. Trotzdem reichte die Ausbeute nur für die Behandlung von rund 200 Patienten. 1979 spendeteten 25000 Finnen Blut, damit Dr. Cantell noch mehr »Rohstoff« zur Gewinnung von Interferon zur Verfügung hatte. Hauptabnehmer waren amerikanische und englische Kliniken, die mit dem Interferon Testreihen starteten.

Zu dieser Zeit hatte sich der zweite Interferon-Pionier Hans Strander längst von seinem Freund getrennt. Die eigentliche Forschungsarbeit war geleistet. Hans Strander ist 1968 nach Stockholm zurückgekehrt, um endlich sein Medizinstudium zu beenden. Er wollte das Interferon, das Dr. Cantell gewann, als Arzt einsetzen. 1971 bekam Dr. Hans Strander eine Anstellung am Karolinska-Krankenhaus. Die Gesundheitsbehörden erteilten ihm die Genehmigung, Interferon an kranken Menschen zu erproben. Tierversuche waren in diesem Fall ja nicht möglich, weil menschliches Interferon nur bei Menschen, nicht aber bei Tieren wirkt.

Die ersten »Testpersonen« waren krebskranke Kinder, ausschließlich hoffnungslose Fälle. Dr. Strander fing an – und alles lief schief. Nicht ganz zwei Stunden nach der ersten Interferon-Injektion bekamen die kleinen Patienten Fieber, eines sogar einen Schüttelfrost. Blutdruck und Puls schnellten in die Höhe. Die Kinder mußten sich erbrechen und wurden von Krämpfen geschüttelt. Eine einzige Katastrophe! Der Test mußte sofort abgebrochen werden. Interferon schien wieder einmal, diesmal endgültig, gescheitert, die Arbeit von vielen Jahren umsonst.

Heute weiß man, was damals die starke Reaktion bei den Patienten ausgelöst hat: Es war eine Eiweißunverträglichkeit, wie sie bei jeder Grippeschutzimpfung vorkommen kann: Die Abwehrkräfte des Körpers erkennen, daß sich etwas im Organismus befindet, das fremd ist. Und sie handeln, als gälte es, einen gefährlichen Krankheitserreger zu vernichten. Nicht das Interferon hat zu den starken Reaktionen geführt, sondern Eiweißstoffe, die sich als »Verschmutzung« neben dem Interferon in der Spritze befanden.

Dr. Strander wollte aufgeben. Diesmal waren es die Patienten und deren Eltern, die ihm den Mut gaben, weiterzumachen. Das Glückslos fiel auf den Studenten Kjell Eriksson. Er litt an Knochenkrebs. Die Ärzte hatten ihm das rechte Bein oberhalb des Kniegelenks amputiert, ohne damit die bösartige Krankheit aufhalten zu können. Auch bei ihm kam es nach der ersten Injektion zu den entsetzlichen Reaktionen. Dr. Strander gab die zweite Injektion intramuskulär. Die Beschwerden blieben wesentlich geringer. Und die Erfolge stellten sich ein. Die Tochtergeschwulste wurden kleiner und verschwanden schließlich ganz.

Das war der erste Interferon-Sieg, der damals die ganze Welt aufhorchen ließ. Allerdings war damit noch längst keine Gewißheit verbunden, daß der Heilerfolg tatsächlich dem Interferon zu verdanken war. Gerade bei Krebserkrankungen gibt es immer wieder die unerklärlichen »Spontanheilungen«, die sich auch bei Placebo-Verabreichungen, also bei Behandlungen mit Scheinmedikamenten ohne jeden Wirkstoff, einstellen können.

Vielleicht bieten speziell die Interferone eine mögliche Antwort auf solche Heilungen: Interferone, die der eigene Körper selbst wieder herstellt, wenn er durch eine veränderte Lebenseinstellung, durch unbändiges Vertrauen dazu animiert wird. Diese selbstproduzierten Interferone, für die man zusätzlich keinen einzigen Pfennig auszugeben braucht, sind letztlich viel wichtiger, als jene Milligramm, die Millionen kosten: Der eigene Körper produziert die besten und wirksamsten Medikamente selbst, solange wir ihm nicht unentwegt und über Jahre ins Handwerk pfuschen. Heute wissen wir: Nach jedem massiven Virenangriff steigt der Interferon-Spiegel sprunghaft an. Nach etwa vier Tagen ist die »Invasion« unter Kontrolle gebracht. Dann sinkt der Interferon-Spiegel wieder auf den früheren Stand. Doch dieser Prozeß klappt nur in einem Organismus mit einem einigermaßen gesund funktionierenden Immunsystem. Bei großer Erschöpfung kommt er nicht oder nur unvollständig zustande.

Nachdem Dr. Hans Strander seine Erfolge mit Interferon in einer Fachzeitschrift veröffentlicht hatte, wurden amerikanische Wissenschaftler hellhörig. Sie reisten nach Stockholm, um dort die Ergebnisse an Ort und Stelle zu überprüfen. Tief beeindruckt kehrten Sie in die USA zurück, kauften alles Interferon auf, das irgendwo aufzutreiben war und starteten selbst großangelangte klinische Versuche. Die US-Krebsgesellschaft bewilligte den höchsten Betrag, der jemals für ein Forschungsprojekt gewährt wurde: 2,14 Millionen Dollar. Das schien der endgültige Durchbruch.

Doch wieder blieb die lähmende Enttäuschung nicht aus. Gewiß, in manchen Fällen gab es unglaubliche Heilerfolge. In anderen wurde die bösartige Krankheit nicht geheilt, sondern sie begann nach der Interferon-Injektion erst richtig zu wuchern. Es schien geradezu, als wäre Interferon ein hochwirksames »Düngemittel« für Krebs.

Auch Versuche, Interferon als Schnupfenmittel einzusetzen, verliefen zunächst vielversprechend. Schon 1972 hat der US-Professor Thomas C. Merigan an der Stanford Universität damit begonnen, Interferon als Mittel gegen Erkältungskrankheiten und Grippe zu testen. Er fand erstaunliche Wirkungen vor allem in der Prophylaxe. Nur: hundertprozentig war diese Wirkung nicht. In manchen Fällen versagte Interferon.

Und so blieb es fortan bei allen klinischen Tests: Mal half Interferon, mal gab es entsetzliche Fehlschläge. Im einen Fall konnten Herpesinfektionen im Handumdrehen besiegt werden, selbst Gürtelrose und die ansteckende Virus-Gelbsucht. Im anderen Fall wurden die Infektionen eher schlimmer als besser. Oder das Interferon zeigte überhaupt keine Wirkung.

Die Wissenschaftler kamen bald hinter des Rätsels Lösung: Interferon ist überhaupt kein Heilmittel. Es kann keiner kranken, keiner bereits infizierten oder entarteten Zelle helfen. Es ist ein Botenstoff, der gesunde Zellen vor einer bevorstehenden Infektion warnt und somit dem Organimus, besser gesagt, jeder benachrichtigten Zelle, die Möglichkeit gibt, sich gegen das anstürmende Virus zu wappnen. Soll diese Warnung aber erfolgreich sein, dann muß das Interferon immer schon vor dem Virus zur Stelle sein. Schließlich nützt die Warnung auch nur dann etwas, wenn die gewarnte Zelle in der Lage ist, sich gegen das Virus zur Wehr zu setzen. Im Klartext heißt das: Hat man bereits einen kräftigen Schnupfen, dann ist es bereits zu spät, nach Interferon zu greifen. Es kann nicht mehr nützen. Interferon bleibt also bestenfalls ein Vorbeugungsmittel. Doch dafür ist es viel zu teuer.

Mit unvorstellbarem Einsatz hat sich die Pharmaindustrie weltweit auf die Produktion von Interferonen gestürzt. Ein britischer Virusforscher begann in riesigen Kesselanlagen, die eher an eine Brauerei als an ein Labor erinnern, weiße Blutkörperchen zu züchten. Eine deutsche Firma »züchtete« das Interferon auf menschlichem Bindegewebe. Heute geht man einen ganz anderen Weg: Man hat in der Schweiz und in Japan Bakterien genetisch so »umgeformt«, daß sie menschliches Interferon produzieren – in ausreichenden Mengen.

Während in den 80er Jahren Patienten und ihre Angehörigen noch Arzneimittelhersteller stürmten, um dort in den Besitz von etwas Interferon zu kommen, ist es heute recht still geworden um das Interferon – obwohl es gerade jetzt seinen eigentlichen Wert erst richtig zeigt. Die Wissenschaftler haben es an den Platz gestellt, an den es hingehört: Interferon ist nur ein Wunderwerkzeug des Körpers gegenüber Viren. Eines unter sehr vielen. Wenn dieses Werkzeug in einem Organismus fehlt oder nicht richtig eingesetzt wird, dann kann die Ergänzung von außen sehr wohl helfen. Doch ein Allheilmittel gegen Viren kann das Interferon nicht sein – auch nicht, nachdem dank genialer Herstellung sein Preis erschwinglich geworden ist. Wir kennen heute eine ganze Reihe anderer, ebenfalls wichtiger Botenstoffe – und wir wissen zugleich, wie abhängig deren Einsatz und deren Entfaltungsmöglichkeit von unserer seelischen Verfassung ist. Darüber wird später eingehend zu reden sein.

Die fast tragische Geschichte der Interferon-Entdeckung ist deshalb so ausführlich hier geschildert worden, weil sie für die riesigen Bemühungen der Ärzte und Pharmakologen so typisch ist – und weil sie uns in den letzten Jahren so sehr berührt und beschäftigt hat: Wieviel Hoffnungen haben sich doch an das Wort Interferon geknüpft! Wie entsetzlich waren letztlich die Enttäuschungen bei Ärzten ebenso wie bei den Patienten! Welcher Rummel ist in der Laienpresse um das »Wundermittel« veranstaltet worden – und wie kläglich ist er letztlich verstummt! Es ist schon so: Wir dürfen nicht auf die »Wunderwaffe« gegen die Viren warten. Wir haben nur eine einzige Chance, wollen wir den Überlebenskampf gegen sie gewinnen: Wir müssen unserem Körper helfen, damit er sich selbst helfen kann. Unser Immunsystem kennt alle verfügbaren Waffen und Mittel. Wir können uns auf das Immunsystem verlassen – vorausgesetzt, wir halten es in Form!

Impfen – der vorbeugende Aufbau des Immunsystems

Die erste geniale Idee, Krankheitserregern ganz allgemein beizukommen, war folgende Überlegung: Wenn der Organismus in der Lage ist, gegen jeden Krankheitserreger ganz spezielle Abwehrfaktoren herzustellen, die sogenannten Antikörper, dann müßte es doch gelingen, diese Spezialabwehr auch mit geschwächten oder gar abgetöteten Krankheitserregern ohne Risiko aufzubauen.

Wieder war es Louis Pasteur, der die Möglichkeit eines Impfschutzes entdeckte. Er kam fast zufällig dazu: Um den Nachweis der Infektion mit einem Erreger zu liefern, der bei Hühnern Cholera auslöst, hatte er einige Hühner mit einer entsprechenden stark virulenten Lösung infiziert, worauf diese auch prompt eingegangen waren. Einige Tage später wiederholte er die Infektion mit den Resten der übriggebliebenen Kultur. Diesmal erkrankten die Hühner nur leicht und wurden wieder gesund. Pasteur nahm an, daß die Infektion in diesem Fall so harmlos verlief, weil die Bakterien in der Kultur geschädigt, »verdorben« waren. Deshalb züchtete er eine neue Kultur und infizierte damit die Hühner erneut. Diesmal wurden die Hühner überhaupt nicht krank. Ganz offensichtlich hatte die »verdorbene« Kultur als Impfstoff gewirkt, die Hühner also gegen den bestimmten Krankheitserreger immun gemacht. Das war eine geradezu sensationelle Entdeckung. Pasteur arbeitete fieberhaft an der Entwicklung anderer Impfstoffe und suchte nach Möglichkeiten, Erreger unschädlich zu machen. Er beobachtete beispielsweise, daß Bakterien kaum mehr eine Krankheit auslösen konnten, wenn man sie vor der Injektion hohen Temperaturen ausgesetzt hatte.

Bahnbrechend wurde sein Impfstoff gegen die Tollwut, die durch ein Virus verursacht wird. Obwohl Pasteur noch nichts von Viren wußte, gelang es ihm, das Tollwut-Virus in lebendem Gewebe von Kaninchen zu züchten und dann soweit zu schädigen, daß es in einem Organismus zwar die Bildung von Antikörpern einleitet, aber nicht mehr krank machte.

Im Jahre 1885 erprobte Pasteur seinen Tollwut-Impfstoff zum erstenmal an einem Kind, das von einem tollwütigen Hund gebissen worden war. Der Junge blieb tatsächlich gesund. Damit hatte sich bestätigt, daß man gegen Krankheitserreger tatsächlich vorbeugend impfen – und selbst noch im Falle akuter Infektion die Immunität erreichen kann.

1890 hatte der deutsche Militärarzt Emil von Behring (1854–1917), Mitarbeiter im Robert-Koch-Institut, eine weitere bahnbrechende Idee. Wenn jeder Organismus gegen Krankheitserreger spezielle Antikörper herstellt, so sagte er sich, dann ist es doch gar nicht nötig, den menschlichen Körper selbst mit dem Erreger zu konfrontieren. Man kann diesen doch auch einem Tier verabreichen, das seinerseits die Abwehrstoffe bildet, um dann das Serum dieses Tieres, das mit den Antikörpern und anderen Abwehrstoffen angereichert ist, dem menschlichen Körper zu injizieren. Da Tiere, etwa Kaninchen oder Pferde, manche Infektionen auch sehr viel leichter meistern als der Mensch, war das nicht einmal eine Tierquälerei.

Behrings Theorie bestätigte sich sehr rasch. Der Impfstoff, gewonnen aus dem Blut der Tiere, erwies sich als voll wirksam. Behring nannte seinen Impfstoff Antitoxin. Er stellte Antitoxine gegen Wundstarrkrampf *(Tetanus)* und die gefürchtete und seinerzeit weitverbreitete Diphterie her. Damit gelang es in der Folgezeit auch, die Diphterie weltweit zu besiegen. Der Forscher wurde ebenso mit dem Nobelpreis ausgezeichnet wie kurz später sein Kollege Paul Ehrlich (1854–1915), dem es gelang, ein Antitoxin gegen die Syphilis zu entwickeln und der sich bei der Normierung der Dosierungen verdient machte. Mit Recht dürfen wir auf die großartigen Leistungen der Biologen und Ärzte um die Jahrhundertwende stolz sein. Sie haben viele Millionen Menschen vor sehr schlimmen Erkrankungen bewahrt und ebenfalls Millionen das Leben gerettet.

Bei den Versuchen, Impfstoffe und Antitoxine gegen Viren zu entwickeln, stießen sie auf besondere Schwierigkeiten. Bakterien lassen sich auf bestimmten Nährböden züchten, schwächen und abtöten. Bei Viren ist das unmöglich. 1937 gelang es erstmalig, Viren in befruchteten Hühnereiern zu züchten. Doch wie sollte man sie unschädlich machen? Die Bakteriologen infizierten noch vor 50 Jahren bis zu 300 Tiere, um endlich ein Virus zu erhalten, daß nicht mehr virulent war und trotzdem bei der Impfung Immunität erzielte. Bei allen Versuchen, Viren zu züchten, riskierte man immer, daß gleichzeitig Bakterien gezüchtet wurden, so daß es fast unmöglich war, Viren in Reinkultur zu bekommen. Erst Ende der 40er Jahre gelang es unter Einsatz von Antibiotika, die unerwünschten Bakterien aus den Kulturen zu entfernen. Erst jetzt war es möglich, Viren im Reagenzglas zu züchten und Impfstoffe herzustellen. Einer der ersten, dem es gelang, Viren mit Formaldehyd abzutöten, war der amerikanische Bakteriologe Joans Edward Salk, der die berühmt gewordene Salk-Impfung gegen Kinderlähmung entwickelte. Nachdem bei dieser Impfung, die noch injiziert werden mußte, einige Erkrankungen infolge ungenügend abgetöteter Viren aufgetreten waren, setzte sich die Schluckimpfung durch, die der Mikrobiologe Albert B. Sabin entwickelt hatte. Er verwendete nicht mehr abgetötete Viren, sondern lebende Virusstämme, die er so verändert hat, daß sie die Kinderlähmung zwar nicht auslösen können, den Organismus aber doch zur Produktion der richtigen Antikörper anregen.

Ohne Zweifel: Diese Leistungen sind allesamt bewundernswert. Nicht auszudenken, was ohne sie aus der Menschheit geworden wäre. Wie viele sehr schlimme Krankheiten haben durch die aktive und passive Impfung ihren Schrecken verloren! Wenn ein Kind heute mit dem Fahrrad stürzt und sich Verletzungen zuzieht, dann brauchen die Eltern keinen Wundstarrkrampf mehr zu befürchten. Das Kind bekommt – wenn es nicht sowieso schon mit dem entsprechenden Impfstoff versorgt ist, eine Tetanusspritze. Wenn ein tollwütiger Hund oder Fuchs zubeißt, dann steht ebenfalls das Antitoxin gegen die Tollwut zur Verfügung. Die Pocken scheinen ausgestorben, so daß eine Impfpflicht bei Kindern überflüssig geworden ist. Die gefährlichsten Kinderkrankheiten, die früher nahezu jedes dritte Kind dahingerafft haben, sind nahezu unproblematisch geworden. Die gesundheitliche Situation gerade unserer Kinder hat sich so weit verbessert, daß heute bereits eine allgemeine Impfmüdigkeit zu beobachten ist, die nun erneut große Risiken in sich birgt. Die Sorglosigkeit gegenüber schweren Kinderkrankheiten ist riesig groß geworden – so groß, daß sehr viele Kinder heute ungeschützt wären, würden wir plötzlich von einer neuen Epidemie heimgesucht. Vergessen wir nicht – und es kann nicht oft genug wiederholt werden: Viele der sogenannten Kinderkrankheiten, die sehr wohl auch Erwachsene heimsuchen können und dann meistens viel gefährlicher sind als bei Kindern, sind Virusinfektionen. Gegen sie gibt es keine wirksamen Antibiotika. Wenn heute also eine Virusepidemie auftreten würde, weil der Impfschutz versäumt wurde, hätten wir kein Mittel gegen die Krankheiten. Wir müßten uns voll darauf verlassen, daß unser Organismus mit dem Virus fertig wird.

Wenn ich hier trotzdem Bedenken gegen manche Formen des Impfens anmelde, dann tue ich das nicht im Hinblick auf Impfzwischenfälle, wie sie früher vor allem bei der Pockenimpfung in vereinzelten Fällen aufgetreten sind. Sie resultierten fast immer aus fehlerhaften Impfstoffen. Man kann damit das Impfen an sich nicht verurteilen. Heute werden sowieso kaum mehr Erkrankungen nach Impfungen festgestellt. Die Herstellung der Impfstoffe ist dank einer perfekten Technik stark verbessert worden.

Meine Bedenken richten sich vielmehr gegen einen Schutz, der ohne Mobilisierung des Immunsystems zustande gekommen ist. Dem geimpften Kind, so fürchte ich, fehlt das notwendige Immuntraining. Es ist eine alte Erfahrungstatsache: Menschen, die einmal eine schwere Infektionskrankheit durchgemacht haben, sind hinterher gesundheitlich weit stabiler und weniger anfällig als andere, die nie richtig krank waren. Ein Kind, das gegen alle möglichen Krankheiten geimpft wird, bekommt aber niemals die Chance, daß sein Immunsystem sich mit all seinen Kräften bewährt. Es hat dann in seinem Blut zwar lebenslang Antikörper gegen die Masern, nach der wiederholten Impfung auch gegen das Polio-Virus. Gegen diese Krankheiten ist es also gefeit. Doch was ist, wenn sein Organismus von einem ganz anderen, vielleicht sogar gefährlicheren Virus befallen wird? Ist dann das Immunsystem überhaupt fähig, sofort und entschlossen alle ihm zur Verfügung stehenden Kräfte zu mobilisieren und den Angriff abzuwehren? Besitzt des die nötige Erfahrung?
Oder wird die Abwehr vielleicht nur darin bestehen, die schlimmste Katastrophe zu verhindern, ohne daß rigoros gegen den Erreger angegangen wird? Einfach deshalb, weil das große Aufbäumen bisher niemals nötig war und weil die entsprechende Übung fehlt?
Das ist eine Überlegung, die mir viel Sorgen bereitet. Wir wissen beispielsweise – und das ist unbestritten: Antikörper und Antitoxine – man spricht heute auch von Anatoxinen –, die der Körper selbst bildet, die ihm also nicht durch Impfstoffe zugeführt werden, bleiben länger im Körper und sind zweifellos auch wirksamer. Jemand, der eine Krankheit wirklich durchgemacht hat, ist also nicht nur länger, sondern auch besser gegen das Virus geschützt als einer, der geimpft wurde oder das Antitoxin erhielt.
Es ist also durchaus vorstellbar – wenngleich ich mich hiermit nicht auf gesicherte Forschungsergebnisse stützen kann –, daß nach einer Impfung bestimmte Viren zwar keine akute Infektion auslösen können, daß sie aber durch das Abfangnetz des Immunsystems schlüpfen und sich im Körper »verstecken«, um später

einmal, vielleicht erst nach Jahrzehnten, ganz andere, immer schlimmere Krankheiten auszulösen.

Aus solchen Überlegungen heraus bin ich der Meinung, daß man gerade Kindern nicht jede Krankheit durch eine Schutzimpfung ersparen darf. Schutzimpfungen sollten sich auf lebensbedrohliche Erkrankungen wie Kinderlähmung, vielleicht Diphterie, Wundstarrkrampf, Tollwut und dergleichen beschränken. Ob man Kinder unbedingt gegen Röteln, Masern, Keuchhusten impfen muß, das halte ich für fraglich. Wichtiger wäre es, wie in manchen US-Staaten Pflicht, daß man junge Frauen, die sich ein Kind wünschen, rechtzeitig gegen Röteln impft, falls sie diese Krankheit nicht schon durchgemacht haben – zum Schutz des Kindes im Mutterleib, das im Falle einer Infektion während der ersten Schwangerschaftswochen körperliche Mißbildungen davontragen könnte.

Dazu gehört dann aber auch, daß man ein grippekrankes Kind nicht unnötig mit Antibiotika behandelt, sondern seinem Körper die Möglichkeit gibt, dieses Training durchzustehen. Das heißt: Bettruhe – und zwar ausreichend! Das heißt: Nicht vorschnell Fieber senken, nichts verschleppen! Ich habe in früheren Büchern wiederholt darauf hingewiesen und will es auch hier mit Nachdruck tun: Die Krankheitserscheinungen wie Schwellungen, Fieber, vermehrte Sekretbildung, Müdigkeit, Gliederschwere werden nicht vom Virus oder einem anderen Krankheitserreger bewirkt, sondern sie sind die Antwort des Körpers auf die Infektion. Wer diese Krankheitszeichen unterdrückt, behindert seinen Körper in seinen Abwehraufgaben. Wenn diese Erscheinungen fehlen, ist keinerlei Garantie gegeben, daß keine Infektion besteht oder sie schon auskuriert wäre. Es könnte auch sein, daß sich der Körper lediglich nicht recht zur Wehr zu setzen vermag. Gerade gegenüber Viren darf sich das Immunsystem aber nicht die kleinste Nachlässigkeit erlauben. Das Immunsystem muß ungemein wachsam, schlagfertig – und wie wir noch sehen werden – »intelligent« sein, sonst kommt es sehr schnell zu Fehlern mit möglicherweise schlimmen Folgen.

Virostatika – chemische Waffen gegen Viren

Selbstverständlich werden seit vielen Jahrzehnten auch chemische Wirkstoffe als Waffen gegen Viren erprobt. Die Ergebnisse blieben bisher aber eher bescheiden. Aus einer Fülle untersuchter Substanzen sind bisher nicht mehr als drei mit sehr beschränkten Einsatzmöglichkeiten übriggeblieben. Mehr nicht.

Auf die Schwierigkeit, Viren mit Vernichtungsmitteln zuliebe zu rücken, habe ich schon hingewiesen. Da sie keinen Stoffwechsel besitzen, kann man sie nicht »vergiften«. Weil sie ihr Vervielfältigungsmaterial aus lebendigen Körperzellen beziehen – und diesen auch noch die Arbeit der Reproduktion überlassen, gibt es kaum eine Möglichkeit, ihnen die reichhaltigen Quellen zu entziehen. Mit einem Mittel, das die Eiweißhülle der Viren auflöst, ist es offensichtlich auch nicht getan. Die Nukleinsäuren können – zumindest in einigen Fällen – virulent bleiben.

Was bleibt also gegen Viren zu tun? Man müßte ein Zellgift finden, gegen das die Viren weit empfindlicher sind als die menschlichen Körperzellen. Man könnte auch suchen nach einem Mittel, das die Viren so weit unschädlich macht, daß sie nicht mehr imstande sind, in die Zellen einzudringen. Da sie die Zellwände offensichtlich mit Hilfe von Eiweißstoffen anbohren, wäre vielleicht das richtige enzymspaltende Mittel der rechte Weg.

All das ist bisher nur sporadisch in seltenen Einzelfällen gelungen.

Früher, etwa in der Zeit der großen Kolonisationen, war das Mittel der Wahl gegen den Erreger der Malaria aber auch vor allem gegen Viren das Chinin, das aus der Chinarinde gewonnen wurde. Wie es wirkte, wußte niemand so richtig, doch es half zumindest in vielen Fällen. Chininhaltige Medikamente wurden bis in unsere Tage als Grippemittel verwendet. Doch sie besitzen erhebliche Nebenwirkungen. Unter anderem sind Spermien besonders anfällig gegen das Chinin. Nach Chinin-Einnahmen in entsprechender Dosierung kann es auch zu Abtreibungen und erheblichen Chininvergiftungen mit Schwindel, Erregungszuständen, Ausschlag, Sehstörungen, Herzrhythmusstörungen kommen. Vermutlich handelt es sich beim Chinin um ein Zellgift, das neben Körperzellen auch Viren auflöst. Heute wird Chinin deshalb kaum mehr zur Anwendung gebracht.

Statt dessen haben sich drei Virostatika bewährt. Sie heißen so, weil sie die Vermehrung der Viren zum Stillstand bringen. Das eine Mittel hilft bei Hornhautentzündung der Augen infolge einer Herpes- oder einer Vaccinia-Infektion. Es wird äußerlich angewendet und besteht aus dem Wirkstoff mit dem schrecklichen Namen 5-Jod-2-desoxiuridin. Daß dieses Virostatikum wirkt, weiß man aus der Erfahrung. Wie es wirkt, ist noch umstritten. Bei anderen Viruserkrankungen bleibt es jedenfalls unwirksam. Sein Geheimnis liegt offensichtlich in der Möglichkeit, es bei Hornhautentzündungen äußerlich anwenden zu können.

Das zweite Mittel wird vorbeugend und therapeutisch bei Pockenerkrankungen eingesetzt. Sein Wirkstoff ist das N-Methyl-β-thiosemicarbazon. Es soll auch gegen die Kuhpocken helfen. Auch in diesem Fall gibt es lediglich Erfahrungswerte, aber keine exakte Einsicht in die Wirkweise des chemischen Stoffes.

Das dritte Virostatikum besitzt die chemische Substanz 1-Adamantanamine. Er wirkt gegen einige Viren, die einen grippalen Infekt auslösen können und gegen Influenza-A-Viren.

Ob diese Virostatika ein Anfang für eine Virustherapie von morgen sind? Wohl kaum. Die Entwicklung in der Virologie, das zeigt nicht zuletzt der Kampf um die Interferone, geht in eine andere Richtung. Fast möchte ich sagen: Das Zeitalter der chemischen Medikamente ist vorbei. Die Zukunft gehört den »sanften« Mitteln und Methoden – das heißt biologischen, reinen, definierten, synthetischen oder gentechnologisch hergestellten Substanzen.

Es gibt heute keinen Zweifel mehr daran, daß die sogenannten proteolytischen, also die eiweißspaltenden Enzyme eine ganz wichtige Waffe des Körpers gegen Viren darstellen. Sie können offensichtlich die Eiweißhülle der Viren auflösen – mindestens

solange sich diese noch nicht an einer Körperzelle festgekrallt und hinter »Masken« versteckt haben. Doch Enzyme sind auch nicht der absolute Schutz gegen Viren. Bei den Enzymen ist es wie bei allen anderen Mitteln, die gegen Viren erprobt wurden: Mitunter helfen sie umgehend und zeigen erstaunliche Wirkung. Ein andermal bleiben sie völlig wirkungslos. Wenn sie den lebendigen Teil der Viren entblößt, ihnen also den Schutzpanzer geraubt haben, dann müssen eben noch andere Kräfte zur Stelle sein, die das Vernichtungswerk vollenden.
Mit einem einzigen Mittel oder einer einzigen Methode wird den Viren niemals beizukommen sein. Auch das hat das Beispiel der Interferone offenbart. Gegen Viren hilft nur das perfekte Zusammenspiel vieler Kräfte. Deshalb ist letztlich auch nur das so komplizierte, vielgestaltige Immunsystem des Körpers in der Lage, einem Virusangriff zu begegnen, ohne daß in der Abwehrschlacht ein wichtiger Punkt übersehen wird. Dazu gehören Enzyme, Interferone, Antikörper, Lymphozyten verschiedener Art – und vieles mehr. Sicherlich gehören dazu auch »natürliche Feinde« der Viren, etwa noch winzigere Partikel, die sie angreifen, so wie sie selbst unsere Körperzellen angehen.

Antibiotika – sie sind den Viren willkommen

Ich habe es schon eingangs angedeutet: Meiner Meinung nach sind die Viren nicht zuletzt deshalb so stark und so bedrohlich geworden, weil wir ihnen durch den allzu wahllosen Einsatz von Antibiotika in unserem Körper ein Umfeld geschaffen haben, in dem sie sich nahezu unbehindert entfalten können. Es ist zwar richtig, daß viele Virusinfektionen mit einer bakteriellen Infektion einhergehen. So ist etwa der eitrige Schnupfen ein Beispiel dafür, daß sich die Infektion längst nicht mehr nur auf Viren beschränkt, sondern daß auch Bakterien sich den Augenblick der angespannten Immunsituation zunutze gemacht haben, um zuzuschlagen. Trotzdem dürfte es auch dann nicht sinnvoll sein, sofort

zu Antibiotika zu greifen. Damit würde zwar die bakterielle Infektion besiegt, doch die Viren blieben unbehelligt, bekämen wohl auch die Chance, ihr Zerstörungswerk noch radikaler durchzuführen. Die Abwehrleistungen des Körpers werden durch die Antibiotika gedrosselt, das Krankheitsgefühl weggewischt, so daß der letzte Einsatz des Immunsystems gegen die Viren fehlt. Ich meine deshalb: Es ist höchste Zeit, daß wir den Einsatz von Antibiotika wieder auf den wirklichen Notfall beschränken. Das ist innerhalb des Körpers genauso wie in unserer Umwelt: Wir können in unserem Körper nicht ohne zwingenden Grund einen radikalen Ausrottungsfeldzug führen, ohne zu riskieren, daß mit der Vernichtung einer Lebensart das ganze Gefüge der verschiedenen Mikroorganismen durcheinangebracht würde – wobei es bei der Anwendung von Antibiotika auch noch zusätzlich zur Überschwemmung des Körpers mit einem Pilz oder pilzartigen Substanzen kommt – die ja vom Immunsystem auch wieder aus dem Blut geschafft werden müssen. Das ist keineswegs eine sehr leichte Aufgabe.
Um es noch einmal unmißverständlich zu betonen: Wir alle verdanken der Entdeckung und Einführung der Antibiotika ungemein viel. Dank der Antibiotika ist es gelungen, den bakteriellen Infektionen die oft tödlichen Folgen zu nehmen. Doch bei Virusinfektionen – und dazu gehören so gut wie alle »Erkältungskrankheiten« nützen sie nicht nur nichts; ihre Anwendung wäre ein Kunstfehler. Sie verschleiern das Krankheitsbild und vermitteln uns den völlig falschen Eindruck, gesund zu sein. Das ist aber genau das, was Viren brauchen, um ihr Zerstörungswerk im Körper fortsetzen zu können – oder sich in Bezirken des Körpers zu verstecken, die Kräften des Immunsystems unzugänglich sind.
In aller Regel ist es heute doch so: Wir genieren uns, schon wieder erkältet zu sein oder einen grippalen Infekt eingefangen zu haben. Wir können es uns im oft so mörderischen Kampf um Karriere und Sicherung des Arbeitsplatzes angeblich nicht leisten, schon wieder krank zu sein. Deshalb versuchen wir mit allen Mitteln, möglichst rasch wieder fit und präsent zu sein. Wir

verlangen vom Arzt ein Antibiotikum, weil wir aus früheren Erfahrungen gelernt haben, daß damit das Krankheitsgefühl innerhalb von 24 Stunden vorbei ist. Die Kopfschmerzen sind weg, das Fieber ist gesunken, Müdigkeit und Gliederschwere sind verflogen. Wir haben das Gefühl, wieder gesund zu sein.

Was ist aber tatsächlich geschehen? Wir haben die Anstrengungen des Immunsystems, mit einer bedrohlichen Gefahr fertig zu werden, radikal abgeblockt. Alles, was das Immunsystem in Gang gesetzt hatte, um die Viren zu besiegen, haben wir unterbunden. Es kann fortan die Viren nicht mehr mit Hilfe hoher Temperaturen vernichten. Den zu erhöhter Aktivität aufgerufenen Körperzellen haben wir das Signal gegeben: Entwarnung! Ihr braucht euch nicht mehr besonders anzustrengen, Abwehrstoffe herzustellen. Die Gefahr ist gebannt.

Wir können uns also wieder in den Streß stürzen – mit einem betrogenen, verwirrten Immunsystem, das nur noch in der Lage ist, die vordringlichsten Abwehrmaßnahmen vorzunehmen. Denn nach wie vor ist die Infektion gegeben. Die Viren sind keineswegs vernichtet. Die Folgen der Abwehrschlacht sind nicht im geringsten behoben.

Der Volksmund sagt sehr richtig – und darin spiegeln sich Erfahrungen aus Jahrtausenden wider: Legt man sich bei einer schweren »Erkältung« ins Bett, dann dauert ein grippaler Infekt acht Tage. Nimmt man starke Medikamente ein, dann bleibt man eine Woche krank – also genauso lang. Acht Tage braucht der Körper, um ein Virus zu besiegen. Daran ändert sich auch durch die Einnahme von Antibotika nichts. Wir bilden uns nur ein, das Medikament hätte geholfen. In Wirklichkeit wird die Infektion verschleppt. Mit oftmals sehr schlimmen Folgen. Wir haben die Befreiung von Krankheitssymptomen mit der Rückgewinnung der Gesundheit verwechselt. Wir leben in dem gefährlichen Irrtum: Wer keine Beschwerden hat, ist gesund.

Das mag für viele Krankheiten gelten. Speziell im Falle einer Virusinfektion kann der Irrtum zum bösen Erwachen führen.

Das ist nämlich der grundlegende Unterschied zwischen der Ausheilung einer angeblich »banalen« Infektion und der Anwendung von Medikamenten, die nur die Symptome unterdrücken: Im ersten Fall kann das Immunsystem alle Maßnahmen zur restlosen Beseitigung der Viren treffen – von der Produktion von Antikörpern bis zur Beseitigung der entstandenen Immunkomplexe. Im zweiten Fall bricht die Abwehrfront zusammen. Es werden verhängnisvolle Kompromisse zwischen Immunkräften und Angreifern eingegangen. Wir fühlen uns einigermaßen wohl und haben keine Ahnung, wie krank wir in Wirklichkeit noch sind.

Bei der Unterdrückung des Immunsystems mit Hilfe von starken Medikamenten gehen wir aber nicht nur das hohe Risiko ein, zumindest Reste der Infektion unerledigt in die Zukunft mitzunehmen. Wir haben das Immunsystem um seine Chance gebracht, sich wieder einmal tüchtig zu trainieren und alle seine Kräfte zu erproben, um notfalls auch gefährlicheren Krankheitserregern gewachsen zu sein. Wir dürfen uns keineswegs wundern, wenn dieses Immunsystem fortan lasch, unentschlossen – oder sogar falsch auf Antigene und Allergene reagieren wird. Weil wir mit der vorschnellen und falschen Behandlung dem Immunsystem Zeit und Einsatzmöglichkeiten geraubt haben, sind wir an seiner Schwäche und Verwirrung selbst schuld. Allergien und chronische Leiden sind das schlimme Ergebnis.

Immunglobuline und monoklonale Antikörper

Eine noch relativ neue Form, dem angeschlagenen Immunsystem vorübergehend auf die Beine zu helfen, einer drohenden Infektion zuvorzukommen oder akute Infektionen zu behandeln, ist die Anwendung von Immunglobulinen. Die Medizin kann dem geschwächten Organismus alle die Eiweißstoffe zuführen, die Antikörpereigenschaften besitzen. Sie werden gewissermaßen aus gesundem Blut herausgefiltert und dem Patienten verabreicht. Diese Methode hat große Ähnlichkeit mit der passiven Impfung, wie sie Paul Ehrlich mit den Antitoxinen anwendete –

mit dem großen Unterschied, daß nicht ganz spezifische Antikörper gegen ein bestimmtes Virus vermittelt werden, sondern die Fülle der Immunfaktoren, die im Gammaglobulin eines abwehrstarken Menschen vorhanden sind. Man erreicht damit – speziell im Hinblick auf die vielen Viren, die eine Erkältung auslösen können – eine große Streuwirkung. Die Immunglobuline können jedoch nur helfen, wenn sie die im Augenblick tatsächlich notwendigen Immunfaktoren, speziell die richtigen Antikörper enthalten. Ein Nachteil dieser Methode ist: Die verabreichten Antikörper können vom Empfängerorganismus selbst als Antigene, also als gefährliche Angreifer, verstanden werden, weil das Immunsystem in ihnen artfremde Eiweißkörper entdeckt. In diesem Fall entwickelt er Antikörper gegen die verabreichten Antikörper, was wiederum eine erhebliche Verwirrung des gesamten Immunsystems zur Folge hat.

Abgesehen davon: Immunglobuline wirken nur für sehr begrenzte Zeit. Auch sie hindern das Immunsystem, sich selbst als effektiv zu erweisen, so daß das Immuntraining unterbleibt. Immunglobuline müssen deshalb ein Mittel für den Notfall bleiben und sollten nicht wahllos als Prophylaxe gegen banale Infektionen eingesetzt werden. Es ist in unseren Tagen einfach noch zu problematisch, willkürlich in das komplizierte Geschehen der Immunreaktionen einzugreifen.

Immerhin deutet die Anwendung der Immunglobuline einen richtigen Weg an: Gegen Viren müssen, falls das eigene Immunsystem nicht selbst dazu in der Lage ist, biologische Waffen eingesetzt werden, keine chemischen.

Vielleicht bringt die Lösung des Problems die ganz moderne Möglichkeit, Antikörper zu klonen. Das Zauberwort heißt: monoklonale Antikörper. Es ist heute mit Hilfe der Gentechnik gelungen, Antikörper identisch zu kopieren. Das wird beispielsweise schon mit großem Erfolg in der Tumorbekämpfung – sowohl in der Diagnose mit radioaktiv markierten Antikörpern, als auch in der Therapie – eingesetzt. Beispielsweise lassen sich zytotoxische Substanzen an Antikörper binden. Das hat den Vorteil, daß die Zellgifte nicht wahllos im Körper wirksam werden können. Die Antikörper »transportieren« sie auf direktestem Weg zum Tumor, der zerstört werden soll. Auf diese Weise kann man monoklonale Antikörper, beladen mit Substanzen, die Viren auflösen, wohl eines Tages auch ganz gezielt gegen bestimmte Viren einsetzen.

An diese monoklonalen Antikörper knüpfen sich denn auch die größten Hoffnungen der Medizin für eine wirksame Virustherapie – vielleicht schon in naher Zukunft.

4

Nur unser Körper kann die Viren besiegen

Fast unbemerkt von der breiten Öffentlichkeit vollzieht sich in unseren Tagen in der Medizin ein grundlegender Wandel. Eigentlich müßte man von einer Rückbesinnung sprechen. In früheren Jahrhunderten und Jahrtausenden, als es noch keine Sulfonamide und keine Antibiotika gab, hatte die Menschheit keine andere Chance: Sie mußte sich auf die Heilkräfte des Körpers verlassen. Die Ärzte konnten nicht viel mehr tun, als dafür zu sorgen, daß sich diese möglichst ungehindert entfalten konnten. Es gab Möglichkeiten, das zu hohe Fieber zu senken, durch Bettruhe alle zusätzlichen Belastungen wie Temperaturregelungen, körperliche Anstrengungen, Belastungen durch zu schwere Nahrung fernzuhalten. Es gab ein paar Mittel zur Stärkung der Abwehrkräfte und zur Schmerzlinderung. Darüber hinaus mußte man abwarten. Oft war dieses Warten vergeblich. Doch in vielen Fällen blieb der Patient auch der Sieger. Ohne jedes Medikament, das die Krankheitserreger wirklich vernichtet oder zumindest an ihrer Entfaltung gehindert hätte. Warum? Das blieb ein großes Geheimnis.

Zwei Dinge aber wußte man auch schon vor Jahrhunderten: In den ersten sechs Monaten des Lebens ist jeder Mensch irgendwie gegen Infektionen gefeit. Die Zeit der größten Gefährdung lag zwischen dem siebten Lebensmonat und dem fünften Lebensjahr. Das Kind mußte also, so folgerte man sehr richtig, noch von seiner Mutter etwas mitbekommen haben, das es vor Infektionen schützte. Dieser Schutz hielt etwa ein halbes Jahr lang vor. Dann mußte das Kind ein eigenes, schlagkräftiges Immunsystem aufgebaut haben.

Die zweite Einsicht war ebenso wichtig: Wenn ein Kind eine schwere Infektion durchgestanden hatte, dann war es nicht nur gegen sie gefeit, sondern gesundheitlich allgemein stabiler und damit in der Regel auch in der Lage, anderen Krankheiten zu begegnen – und keineswegs nur Infektionen. Warum das so war, das konnte sich niemand erklären.

Erst 1883 gelang dem russischen Biologen Ilja I. Metschnikow, Nachfolger Pasteurs als Leiter des Pariser Pasteur-Instituts, der Nachweis, daß weiße Blutkörperchen, die sogenannten Phagozyten, Bakterien regelrecht »auffressen«. Das war eine erste Einsicht in unser Immunsystem. Doch selbstverständlich konnte man damit noch nicht erklären, wie es zur Immunität nach der ersten Begegnung mit einem Krankheitserreger kommt. Und bald mußte man auch zur Kenntnis nehmen, daß sich diese Freßzellen ganz offensichtlich nicht um Viren kümmern. Es mußte also neben ihnen noch andere Abwehrfaktoren in unserem Körper geben.

Die Welle der »Vernichtungswaffen«

Über die Wunderwelt unseres Immunsystems wußte man vor hundert Jahren noch so gut wie nichts. Und es schien auch hoffnungslos, es ergründen zu wollen. Deshalb schlugen die Wissenschaftler einen ganz anderen Weg ein: Sie wollten das Heilen nicht länger dem Körper überlassen, sondern selbst in die Hand nehmen. Die Stärkung der körpereigenen Abwehrkräfte

erschien ihnen nur ein lästiger und völlig überflüssiger Umweg zu sein. Deshalb suchten sie nach Mitteln, die Krankheitserreger direkt zu vernichten. Die Stärkung des Abwehrsystems überließ man damals Außenseitern und medizinischen Laien wie etwa Pfarrer Sebastian Kneipp (1821–1897). Er schuf seine berühmt gewordenen Kneipp-Kuren unter dem Schlagwort Abhärtung. Kneipp hatte am eigenen Körper erfahren, daß man die Abwehrkräfte des Körpers stärken kann, wenn man durch Kälte- und Wärmereize den Organismus dahin bringt, auf die Umwelt ohne zu große Empfindlichkeiten und Trägheiten zu reagieren. Das war eine ganz wichtige Einsicht, die auch heute noch ihre Gültigkeit besitzt. Da alle Körperfunktionen in sehr engen Wechselbeziehungen miteinander stehen, gibt es keinen einfacheren und wirksameren Weg, das Immunsystem zu stärken, als ein gesundes Training der Körperreaktionen auf Kälte und Wärme. Er muß lernen, auf Temperaturschwankungen angemessen zu antworten. Denn nur damit ist gewährleistet, daß das Immunsystem nicht behindert wird.
Doch auch Pfarrer Kneipp stieß mit seinen Heilmethoden an eine Grenze: Offensichtlich reichte es nicht aus, das Immunsystem nur zu stärken. Auch dem stabilsten und stärksten Abwehrsystem konnten nach wie vor folgenschwere Fehler unterlaufen. Speziell den chronischen Leiden wie etwa Rheuma oder auch Krebs war mit Wasserkuren weder vorbeugend noch heilend beizukommen.
Daß sich die sogenannte »Schulmedizin« weniger um den Aufbau der körpereigenen Abwehrkräfte, sondern nahezu ausschließlich um die Vernichtung der Krankheitserreger kümmerte, darf nicht verwundern. Die Entdeckung der Welt der Mikroorganismen vor etwas mehr als hundert Jahren hatte weltweit einen fürchterlichen, heute kaum mehr nachvollziehbaren Schock ausgelöst. Die Vorstellung, daß es in unserem Körper von winzigen fremden Lebewesen nur so wimmelt, war für die Menschen einfach unerträglich. Man versuchte deshalb, eine keimfreie, klinisch saubere Welt zu schaffen. Man pasteurisierte, entwickelte eine weithin übertriebene Hygiene – in der naiven Vorstellung, Bakterien, Bazillen, Pilze, Parasiten aller Art könnten und müßten radikal ausgerottet werden.

Die Entdeckung der Sulfonamide und der Antibiotika schien dann Mitte dieses Jahrhunderts auch zu bestätigen, daß man auf dem richtigen Weg war. Die Ausrottung der großen Seuchen war in greifbare Nähe gerückt. Es wäre nur eine Frage der Zeit, so glaubte man, auch gegen die Viren das richtige Mittel zu finden. Welche riesige Arbeit wurde geleistet, dieses Ziel zu erreichen! Wie viele tausend chemische Substanzen wurden ausprobiert – immer wieder ohne Erfolg.

Wunderbares, »intelligentes« Immunsystem

Inzwischen hat sich nun aber herausgestellt, daß auch die »Bakterienvernichtungsmittel« – ganz ähnlich wie Insektizide und andere »chemische Keulen«, die in unserer Umwelt zur Vernichtung von lästigem »Ungeziefer« eingesetzt werden – überaus problematisch sind. Bakterien entwickeln gegen sie eine immer stärkere Resistenz, so daß selbst die Antibiotika immer neu verändert, verstärkt, kombiniert werden müssen, damit sie ihre Wirkung nicht verlieren. Heute müssen wir befürchten, daß der Tag kommen wird, an dem wir mit Antibiotika nichts mehr ausrichten können. Die Hoffnung auf ein wirksames Virenvernichtungsmittel schwindet von Tag zu Tag. Nicht zuletzt das HIV-Virus, das bekanntlich direkt die Abwehrkräfte des Körpers angeht und zu einem völligen Zusammenbruch des Immunsystems führen kann, hat uns die hilflose Situation, in der wir stecken, deutlich vor Augen geführt.
In dieser Not erinnerte man sich an die nahezu vergessene, zweite und richtige Möglichkeit, Krankheitserregern zu begegnen: die Stärkung und Festigung des körpereigenen Immunsystems. Inzwischen wußte man ja auch einige Dinge mehr über dessen Aufbau und seine geradezu wunderbaren Funktionen.

Antigen und Antikörper

Schon Anfang der 20er Jahre war dem Wiener Bakteriologen Karl Landsteiner (1868–1943) in den USA der Nachweis gelungen, daß es in jedem gesunden Blut ganz spezielle Abwehrwirkstoffe gibt, die sich immer nur gegen ein ganz bestimmtes Antigen richten. Landsteiner gewann diese Stoffe, indem er Versuchstieren eine arsenhaltige Verbindung, vermischt mit Hühnereiweiß, injizierte. Die Tiere entwickelten Antikörper, die nur diese Verbindung »neutralisierten«. Wenn er seine Verbindung veränderte, wurden auch die Antikörper anders. Und sie wirkten dann nur noch auf die veränderte Injektion, nicht mehr auf die ursprüngliche.

Landsteiner sprach noch nicht von Antigenen und den Gegenstoffen des Körpers, den Antikörpern, sondern er nannte die Stoffe, die vom Körper mit Antikörpern angegangen werden, Haptene – nach dem griechischen Wort für haften. Der Wissenschaftler hatte richtig erkannt, daß sich Antigen und Antikörper aneinanderkoppeln und dann einen Komplex bilden – man spricht heute vom Immunkomplex –, der nicht mehr virulent ist, also keine Krankheit mehr auslösen kann.

Mit der Identifizierung der Antikörper konnte man sich endlich erklären, warum ein gesundes Kind in seinen ersten Lebensmonaten gegen Infektionen immun ist: Es hatte von seiner Mutter das notwendigste Sortiment von Antikörpern mitbekommen, so daß sein Organismus auf die schlimmsten Antigene sofort reagieren konnte. Wir wissen heute, daß auch die Muttermilch in dieser Hinsicht besonders wertvoll ist, weil mit ihr dem Kind Antikörper und andere Immunpotentiale nachgeliefert werden.

In der Folgezeit hat man sich dann intensiv mit der Frage befaßt, ob Anikörper-»Muster« ständig im Blut zugegen sind, so daß der angegriffene Organismus im Notfall sofort weiß, welche Sorte von Antikörpern er nach diesem Muster in Massen herstellen muß. Oder ob es im Blut gar nicht die Fülle aller möglichen Antikörper für jeglichen Notfall, sondern statt dessen unspezifische Eiweißkörper gibt, die beim Zusammentreffen mit einem

Antigen erst wie von einem Stempel ausgeprägt werden, um ihrerseits dann bei der Herstellung von gleichartigen Antikörpern als Muster zu dienen. Der berühmte amerikanische Chemiker und Nobelpreisträger Linus C. Pauling hat 1940 diese Theorie vertreten.

Erst Ende der 60er Jahre – so »neu« ist das Wissen um die Struktur der Antikörper – gelang es, den Aufbau eines Antikörpers zu enträtseln, der aus über 1000 Aminosäuren besteht. Man erkannte nach und nach, wie es überhaupt zu einer Antigen-Antikörper-Reaktion kommt und warum und wodurch ein Fremdstoff zum Antigen wird. Ich will es wiederum möglichst einfach und anschaulich schildern: Erinnern Sie sich an die Bilder von Weltraumstationen, die rund um die Erde kreisen? Sie besitzen besondere Vorrichtungen, an denen Kapseln, die mit Raketen zu ihnen hochgeschossen werden, ankoppeln können. Wir alle haben die faszinierenden Bilder solcher Manöver im Fernsehen schon miterleben können. Die Kapsel nähert sich langsam der Weltraumstation und klinkt dann an der vorgesehenen Stelle ein. Aus zwei Körpern ist einer geworden.

Dieses Ankoppeln ist aber nur möglich, wenn die Luken beider Geräte genau aufeinanderpassen.

Ganz ähnlich funktioniert es zwischen Antigen und Antikörper: Antigen-Moleküle besitzen auf ihrer Oberfläche eine Fülle bestimmter und spezifischer kleiner Teilchen, man nennt sie Determinanten, die vergleichbar sind den Ankoppelungseinrichtungen an den Weltraumstationen. Nur der Antikörper, der genau auf einen solchen Determinanten paßt, kann sich an das Antigen anlagern.

Nun kann sich ein solches Ankoppeln aber auf dreifache Weise auswirken: Da Antikörper wenigstens zwei, oft sogar drei Ankoppelungsmöglichkeiten besitzen, können sie sich nicht nur an ein Antigen-Molekül, eine Bakterie, einen Virus anlagern, sondern an zwei oder gar drei. Die Antigene werden also regelrecht zusammengebacken. So entstehen unlösbare Komplexe, die sogenannten Immunkomplexe. Sie sind nicht mehr virulent und können von den Makrophagen des Blutes gefressen und verdaut werden. Befindet sich im Blut ein verflüssigter Giftstoff, etwa die Ausscheidung von Bakterien, dann wird die giftige Flüssigkeit flockig und kann ebenfalls von den Makrophagen vernichtet werden. Man nennt das Präzipitation. Eine dritte Möglichkeit ist das Zusammenklumpen befallener Blutzellen. Die Wissenschaftler sprechen von der Häm-Agglutination.

Heute wissen wir, daß diese Antikörper nur ganz selten – wenn überhaupt – von sich aus reagieren. Sie müssen »stimuliert« werden.

Hier eröffnet sich uns eine Welt, für die das Wort Wunder des Lebens tatsächlich angebracht erscheint. Ich will darauf verzichten, die sehr komplizierten Einzelheiten ausführlich darzulegen, sie statt dessen in begreifbaren Bildern schildern, damit sie verständlich werden – und, so hoffe ich, Staunen und Ehrfurcht auslösen. Das Wichtigste habe ich in meinem Buch *Immun-Training* dargelegt, weshalb ich mich hier relativ kurz fassen kann.

Alle Erfahrungen sind gespeichert

Lassen Sie mich trotzdem ganz am Anfang anfangen: Leben setzt voraus, daß eine Zelle und mehr noch ein Zellverband, ein Organismus, in der Lage ist, auf Reize und Angriffe aus der Umwelt zu reagieren. Als sich auf unserer Erde das erste Leben bildete, muß es immer wieder und so lange gescheitert sein, bis es fähig war, die richtigen Antworten zu geben. Auch wenn es zunächst keine lebenden Feinde gab, so mußte es doch lernen, Temperaturveränderungen und Giften zu begegnen. Die Überlebenschancen wuchsen mit der Zahl der gespeicherten Antwortmöglichkeiten. Sie alle wurden – um die moderne Computersprache zu verwenden – in jedem Zellkern gespeichert. Über Jahrmillionen. Ohne dieses »Wissen« hätten wir auch heute keine Überlebenschance. Wir besitzen in unseren Genanlagen auch noch »Antworten« auf Umweltbedrohungen, die es seit Jahrmillionen schon nicht mehr gibt.

Das »Wissen« um die richtige Antwort auf alles, was uns von außen – und von innen – bedrohen kann, ist also in jeder lebendigen Zelle ständig verfügbar. Aufgabe des Immunsystems ist es nun, an dieses Wissen heranzukommen und es dann auch richtig einzusetzen. Um in der Computersprache zu bleiben: Das Immunsystem muß das richtige Codewort finden, um Zugang zum benötigten Programm zu bekommen. In unserem Blut sind also nicht ständig alle nur denkbaren »Programme« – sprich Antikörper und andere Immunfaktoren, aktiviert. Das Blut wäre damit überladen. Es können aber alle Programme jederzeit abgerufen werden. Aktiviert sind nur die wichtigsten, die gerade zur Bewältigung eines akuten Problems nötig sind.
Über die »Schlüssel«, die das Immunsystem zum »Öffnen« der gespeicherten Informationen braucht, verfügt offensichtlich ein besonderes Organ, die Thymusdrüse. Die weißen Blutkörperchen, ursprünglich im Knochenmark gebildet, werden von dort gewissermaßen im embryonalen Entwicklungsstand entlassen. Sie sind unfertig und noch keineswegs für die vielfältigen Aufgaben, die auf sie warten, spezialisiert. Einige von ihnen werden Freßzellen, die alles verschlingen, was fremdartig, was krankhaft oder gar feindselig ist. Aber auch bei dieser Arbeit werden sie von übergeordneten Zellen gesteuert, obwohl es sich im Gegensatz zu den roten Blutkörperchen bei ihnen wie bei allen weißen Blutkörperchen um eigenständige Lebewesen handelt, die sich selbst fortbewegen und auch vervielfältigen können. In einer Nährlösung könnten sie den Organismus sogar überleben.
Andere bekommen den Auftrag, sich zur Herstellung von Antikörpern bereitzuhalten. Sie kümmern sich nicht um Feinde und Gifte im Blut, sondern sind kleine lebende »Labors« in Wartestellung. Auch sie sind, um aktiv werden zu können, weitgehend abhängig von bestimmten Signalen, um in Aktion treten zu können. Man nennt diese Art der weißen Blutkörperchen B-Lymphozyten.
Wieder andere weiße Blutkörperchen werden vor ihrem Einsatz in die »Schule« geschickt und dort zu »Programmierern« ausgebildet. Sie begeben sich in die Thymusdrüse und erhalten in ihr in

der Begegnung mit einer großen Zahl bestimmter Hormone und anderer Thymusfaktoren die notwendigen »Codes« zu den gespeicherten Programmen. Die Ausbildung dauert nur vier bis fünf Tage. Danach sind die weißen Blutkörperchen zu T-Lymphozyten geworden, Führungskräfte innerhalb des Immunsystems. Sie besitzen das notwendige »Wissen« und geben es bei jeder Teilung an die identischen »Nachkommen« weiter. Die »Schule« brauchen sie nicht mehr, weshalb die Thymusdrüse im Kindesalter besonders groß und prall, also aktiv ist, später aber nur noch zur »Nachschulung« im Falle aufgetretener Fehler gebraucht wird.

Die T-Lymphozyten werden nun losgeschickt. Sie wandern selbständig durch den Körper, um überall dort, wo der Einsatz gefordert ist, den übrigen Immunfaktoren ihr »Wissen« mitzuteilen. Man kann dabei unter dem Mikroskop sogar zusehen: Gibt man ein Antigen in eine Blutprobe, dann läßt sich beobachten, wie T-Lymphozyten auf andere weiße Blutkörperchen, etwa B-Lymphozyten, zugehen, diese mit einer Art »Antenne« berühren, worauf die B-Lymphozyten die benötigen Antikörper produzieren. Und zwar genau die richtigen.

Unter den T-Lymphozyten selbst gibt es sogenannte Helferzellen. Sie regulieren vor allem die Antikörperproduktion der B-Lymphozyten, signalisieren diesen also, welche und wie viele Antikörper hergestellt werden müssen. Die Supressoren, eine andere Art von T-Lymphozyten, sorgen unter anderem dafür, daß von vorneherein nicht übermäßig viele weiße Blutkörperchen zu B-Lymphozyten werden. Manche Suppressoren spezialisieren sich auch darauf, virusinfizierte Körperzellen zu zerstören, um so die Vervielfältigung der Viren zu verhindern.

Im gesunden Organismus besteht ein sehr ausgewogenes Verhältnis zwischen T-Helferzellen und T-Suppressoren. Diese Ausgewogenheit sorgt dafür, daß im Falle einer Infektion nicht zu viel und nicht zu wenig geschieht, nicht zu heftig und zu hektisch, aber auch nicht zu lasch oder zu träge gehandelt wird.

Neben den B- und T-Lymphozyten gibt es eine Fülle anderer Abwehrzellen. Bis heute hat man 83 Subpopulationen gezählt. Es handelt sich bei unserem Immunsystem in der Tat um eine

Wunderwelt, vor der wir nur mit großen Staunen stehen können. Solche Einblicke in das vielgestaltige Immunsystem sind dank der monoklonalen Antikörper möglich geworden. Mit ihrer Hilfe lassen sich nämlich die verschiedenen Immunzellen zählen, ihr Einsatzort und ihre Wirkweise sehr genau beobachten: Man stellt also etwa gentechnisch Antikörper her, von denen man genau weiß, gegen welche Antigene sie spezialisiert sind. Diese Antikörper werden radioaktiv markiert, so daß man ihren Weg im Körper genau verfolgen und auch sehen kann, wie sie aktiviert oder gebremst werden. Auf diese Weise kann man die verschiedenen Arten der weißen Blutkörperchen aussortieren und feststellen, ob es in einem Organismus Defizite oder Überschüsse gibt. Im gesunden Blut finden sich zwischen 65 und 80 Prozent T-Lymphozyten, 10 bis 20 Prozent B-Lymphozyten. Das Verhältnis zwischen Helferzellen und Suppressoren ist etwa 2:1.

Ganz wichtig ist nun dank solcher moderner Methoden die Einsicht, daß nahezu bei allen chronischen Leiden – auch bei Krebserkrankungen – das Zusammenspiel der verschiedenen Faktoren des Immunsystems nicht mehr richtig funktioniert. Bei chronischen Leiden, etwa bei Erkrankungen des rheumatischen Formenkreises, ist das Verhältnis zwischen T-Helferzellen und T-Suppressoren zugunsten der Helferzellen verschoben. Damit wissen wir auch, warum es nicht genügen kann, bei solchen Krankheiten das Immunsystem nur zu stärken: Es ist ja stark – nur eben fehlgeleitet. Es besteht keine Immunschwäche, sondern eine »Immun-Dysregulation«. Sie muß behoben werden. Der Fehler kann aber ausgeglichen werden, wenn es gelingt, das Verhältnis zwischen »Antreibern« und »Blockern« wieder herzustellen. Bei Virusinfektionen wie beispielsweise AIDS ließ sich beobachten, daß die Zahl der Helferzellen deutlich verringert, die der Supressoren aber erhöht ist. In diesem Fall wird also jede Reaktion auf einen Krankheitserreger im Keim erstickt, so daß für den AIDS-Patienten jeder Schnupfen zu einer lebensbedrohenden Erkrankung führen kann und sich besonders bösartige Krebsleiden ungehindert entfalten können. Er stirbt letztlich nicht an der HIV-Infektionen, sondern an einer Krankheit, die das unterdrückte Immunsystem nicht mehr besiegen konnte.

Geheimnisvolle »Intelligenz«

Entscheidend für ein gesund funktionierendes Immunsystem ist also nicht nur seine Schlagkräftigkeit, sondern eine ganz spezielle Art »Intelligenz«: Die Führungskräfte der Abwehrfaktoren müssen nicht nur »wissen«, was angegriffen und vernichtet werden muß, wie viel Abwehrfaktoren zu dieser Auseinandersetzung nötig sind und welche Art von Antikörpern oder anderen Kräften benötigt wird. Sie müssen auch »erkennen«, was zum eigenen Körper gehört und deshalb geschützt werden muß – was in diesem Körper krank oder entartet ist und deshalb ebenfalls der Vernichtung anheimfallen muß. Wenn man bedenkt, wie viele Milliarden verschiedenartiger Zellen unser Körper besitzt, wie viele davon sich frei in den Körperflüssigkeiten bewegen, wie unendlich viele heilsame Substanzen, Kraft- und Aufbaustoffe von unserem Blut zu den Zellen transportiert werden, wieviele Bakterien, vielleicht auch Viren keineswegs schädlich und für unser Leben bedrohlich, sondern im Gegenteil lebensnotwendig sind, dann kann man in etwa erahnen, welches immense »Wissen« diese winzigen »Ordnungskräfte« besitzen müssen. Eigentlich sollte man annehmen, daß diese Arbeit überhaupt nicht zu bewältigen ist. Unser Immunsystem kann aber alle Aufgaben bewältigen – sofern es auf ein auftretendes Problem in seinen »Erfahrungsspeichern« eine Antwort gibt. Tatsächlich gibt es keine Krankheit, die unser Organismus nicht ausheilen könnte. Würde er allerdings mit einem Krankheitserreger konfrontiert, der auf unserer Erde bislang unbekannt ist, etwa indem ein Weltraumfahrzeug einen fremden Keim aus einer anderen Welt bei uns einschleppt, dann hätte es keine Antwort bereit. Dann müßten wohl Millionen sterben, ehe die richtige Antwort gefunden ist. Es ginge uns wie seinerzeit dem ersten Leben auf der Erde. Erst wenn das Immunsystem erfahren hat, wie man dem neuen Krankheitserreger begegnen kann, erst wenn die passende Antwort dem milliardenfachen Erfahrungsschatz eingefügt ist, wird es fähig sein , die neue Krankheit zu besiegen.

Machen wir uns ein Bild vom Können und »Wissen« des Immunsystems am Beispiel der Ernährung, um zu erfassen, wie gewaltig die geleistete Arbeit täglich, ja ohne Unterlaß ist: Wenn wir eine Mahlzeit zu uns nehmen, konfrontieren wir unseren Körper mit einer Fülle unzähliger fremder Substanzen, die zerlegt, sortiert, verflüssigt werden müssen, damit sie von unserem Blut aufgenommen werden können. Im Verdauungstrakt des Körpers »explodieren« die weißen Blutkörperchen förmlich, so rasch geht ihre Vervielfältigung vor sich. Wie rasch das Immunsystem tatsächlich reagiert, können wir allein bei einer Allergie, etwa einer Nesselsucht, feststellen: Wenn wir auf Erdbeeren allergisch reagieren, kann schon unmittelbar nach dem Genuß dieser Frucht unser ganzer Körper mit juckenden roten Quaddeln überzogen sein. Das fehlgeleitete Immunsystem, das Antikörper gegen gewisse Stoffe der Erbeere besitzt, hat sekundenschnell falschen Alarm ausgelöst. Er wird eine riesige Menge der entsprechenden Antikörper hergestellt. Gleichzeitig haben Millionen Zellen Histamine, ein Gewebshormon, ins Blut geschüttet. Sie gehören zur Antigen-Antikörper-Reaktion mit vielfältigen Aufgaben. Unter anderem weiten sie die Kapillaren, damit die weißen Blutkörperchen ungehindert zum Ort des Geschehens vordringen können. Sie verursachen auch die Rötung der Haut, die Quaddeln und den Juckreiz. Obwohl es sich in diesem Fall um eine Fehlreaktion des Immunsystems handelt, können wir an der oft sekundenschnellen Reaktion die prompte Präsenz der Immunfaktoren beim Auftauchen eines Antigens oder eines Allergens ablesen. Bei der ersten Konfrontation mit dem Allergen passiert noch nichts. Der Körper besitzt noch keine Antikörper, weshalb die entsprechende Reaktion ausbleibt. Schon bei der zweiten Begegnung mit Erdbeeren können die Antikörper aber zugegen sein. Dann läuft die allergische Reaktion ab. Manchmal sofort, noch während des Essens, manchmal auch erst Stunden nach der Mahlzeit.

Eines war an der Reaktion mit der auftretenden Nesselsucht nach dem Erdbeergenuß richtig: Das Immunsystem hat erkannt, daß etwas Artfremdes in den Organismus einzudringen versuchte. Aber falsch an der Reaktion war die Einstufung eines bestimmten Stoffes der Erdbeere als gefährlich oder gar bedrohlich.

An diesem Punkt befinden wir Mediziner, Biologen und Chemiker uns heute vor der schwierigen Frage: War die heftige Reaktion überhaupt falsch oder vielleicht nicht doch richtig? Richtete sie sich wirklich gegen die Erdbeere oder eine ihrer natürlichen Inhaltsstoffe – oder nicht vielleicht doch gegen einen Giftrückstand aus Pflanzenschutzmitteln oder Farbstoffen oder einfach aus verseuchtem Boden? Ist unser Immunsystem einmal mehr »klüger«, als wir es sind, und wehrt es sich gegen Umweltgifte, die sich in unseren Nahrungsmitteln befinden? Gewiß, Allergien hat es immer schon gegeben. Doch es existierten wohl auch immer schon Umweltgifte. Die erschreckende Zunahme allergischer Reaktionen, die sich heute sogar schon auf das Sonnenlicht erstreken, drängen solche Fragen auf und zwingen uns dazu, Allergien ganz neu zu überdenken und viel ernster zu nehmen, als dies heute noch vielfach geschieht. Dieses Thema habe ich in meinem Buch *Allergie-Stop* ausführlich behandelt.

In unserer Mahlzeit, die wir zu uns genommen haben, befinden sich aber vielleicht auch Fisch oder Fleisch, Eier und andere Fremdeiweißstoffe, die das Immunsystem umgehend als artfremd erkennen muß. Eigentlich müßte es auch jetzt – genau wie nach Transplantationen fremder Organe – eine Abstoßungsreaktion einleiten. Das geschieht nicht – oder nur im Falle eines groben Fehlers –, weil das Immunsystem offensichtlich »weiß«, daß das Artfremde in diesem Fall ungefährlich ist und zum Aufbau neuer Zellen und zur Reparatur alter Zellen benötigt wird. Wäre das nicht so, würden wir alle, wie das im Einzelfall möglich ist, auf Eiweißspeisen allergisch reagieren.

Mit der Nahrung werden uns auch wertvolle Enzyme, Vitamine, Spurenelemente geliefert. All das wird von den Immunfaktoren überprüft und darf dann ungehindert die Abwehrbarriere passieren. Es ist als nützlich und gut erkannt worden.

An den Nahrungsmitteln und in ihnen, auch wenn Sie noch so gründlich gewaschen und konserviert wurden, befinden sich milliardenweise Bakterien, Viren und andere Mikroorganismen. Die meisten sind nützlich, werden im Verdauungsprozeß benötigt oder sind ungefährlich. Gegen sie erfolgt keine Reaktion. Sie werden als unproblematisch eingestuft. Allerdings »wissen« die Immunfaktoren auch sehr genau, daß sich nützliche Bakterien nur im Verdauungstrakt aufhalten dürfen, daß ihnen aber der Zutritt in das Innere des Körpers, also in Blut und Lymphe, verwehrt werden muß.

Um so heftiger entfesselt sich der Abwehrkampf gegen Krankheitserreger. Sie müssen nun allerdings als gefährlich erkannt werden, und zwar wiederum umgehend. Von diesen Auseinandersetzungen verspüren wir in den weitaus meisten Fällen überhaupt nichts. Gelingt es den Immunfaktoren, die Eindringlinge von einer größeren Zerstörungs- oder Vergiftungsarbeit abzuhalten, werden wir nicht krank. Erst wenn im Falle einer Virusinfektion eine bestimmte Zahl von einigen Millionen Zellen zerstört wurde, reagiert der Organismus mit den Krankheitsanzeichen.

Man könnte die Arbeit des Wunderwerks Immunsystem endlos weiterverfolgen und hätte trotzdem noch längst keine Grenze erreicht. Es ist schon so: Würde das alles nicht so perfekt funktionieren, hätten wir keine Chance, auch nur einen einzigen Tag zu überleben. Wir dürften keinen Bissen essen, keinen Atemzug tun, keinem Mitmenschen die Hand geben. Das alles wäre für uns absolut tödlich. Daß wir gesund bleiben und immer wieder trotz aller Angriffe gesund werden, das verdanken wir unserem Immunsystem.

Warum kommt es trotzdem zu Erkrankungen?

Wenn dieses Immunsystem heute trotz seiner unglaublichen Perfektion doch immer wieder versagt, dann hat das vielerlei Gründe. Man kann sie unter zwei Stichwörtern zusammenfassen. Überforderung auf der einen Seite – und mangelndes Training auf der anderen.

Die Überforderungen bestehen vor allem in dem, was ich immer wieder den »Vielfrontenkrieg« in unserem Körper nenne. Ich kann es nicht beurteilen, wie das früher einmal war. Doch heute begegnet man kaum mehr einem Patienten, der nur an einer einzigen, klar abgegrenzten Krankheit leiden würde. In nahezu allen Fällen ist die Gesundheit – speziell das Immunsystem – vielseitig angeschlagen. In aller Regel geht man erst dann zu einem Arzt, wenn große Beschwerden oder gar Schmerzen andeuten, daß das Übel nicht mehr von selbst besser wird. Dann stellt der Arzt, der etwa einen Diabetes mellitus diagnostiziert, zugleich eine chronische Bronchitis, zu hohen Blutdruck, Arteriosklerose und dergleichen mehr fest – und weiß nicht, welches Übel er nun zuerst anpacken soll. Wer hält es schon für nötig, wenn ein Schnupfen chronisch geworden ist, also länger als drei, vier Wochen andauert, energisch etwas dagegen zu tun? Man nimmt die tropfende oder ständig verstopfte Nase hin – hält die Störung vielleicht für eine unvermeidliche Alterserscheinung.

Wer geht schon zum Arzt, weil der Husten immer quälendere Formen annimmt? Schlimmer noch: Wer nimmt Bluthochdruck ernst, solange er sich dabei einigermaßen leistungsfähig, vielleicht sogar wohl fühlt?

Dem Immunsystem und seinen vielfältigen Faktoren ergeht es aber nicht anders als dem Arzt, der sich überlegen muß, welche Therapie in dieser Situation am vordringlichsten ist. So wie wir Menschen heftige Probleme bekommen, wenn wir gleichzeitig zwei, drei Dinge nebeneinander erledigen wollen, genau so gerät das Immunsystem in Konfliktsituationen, wenn zum selben Zeitpunkt verschiedenartigster Alarm ausgelöst wird. Was ist vordringlicher? Das ist vergleichbar einer Feuerwehrstation, bei der gleichzeitig fünf oder sechs Brände gemeldet werden. Weil nicht alle Aufgaben gleichzeitig erledigt werden können, muß es sich entscheiden und alles, was im Moment als nicht lebensbedrohlich erscheint, zurückstellen. So sammeln sich im Laufe der Jahre Rückstände an, die schließlich zur Erschöpfung, zu Irritationen und einer gewissen Resignation der Immunfaktoren führen.

Von der Infektion zur Autoaggressionskrankheit

Machen wir uns ein Bild von der fortschreitenden Zerrüttung am des Immunsystems Beispiel unserer unbekümmerten Sorglosigkeit den sogenannten banalen Infektionen gegenüber:
Angenommen, wir haben an einem trüben, nebligen Novembertag mit der Atemluft Viren in unsere Luftwege aufgenommen. Die Infektion war so massiv, daß die erste Abwehrfront überrannt wurde. Das Immunsystem muß nun alle Kräfte mobilisieren. Es kommt zur vermehrten Schleimabsonderung mit der Doppelstrategie: Die Viren sollen mit der Flüssigkeit gründlicher ausgeschieden werden. Im Schleim befinden sich aber auch Abwehrkräfte zu ihrer Vernichtung, damit sie erst gar nicht in den Organismus hineingelangen können. Damit ausreichend Abwehrkräfte und deren Hilfsfaktoren hergestellt werden können, wird das Arbeitstempo in den Zellen der umliegenden Gewebe deutlich erhöht. Das Gewebe rötet sich und schwillt an, weil sich die Zellen vergrößern. Durch die »fieberhafte« Tätigkeit entsteht erhöhte Temperatur – mit dem gewollten Nebeneffekt, die Krankheitserreger, die diesen Temperaturen nicht gewachsen sind, zusätzlich zu vernichten. Es werden vor allem aber die passenden Antikörper produziert, die sich mit den Viren zu Immunkomplexen zusammenheften. Nach drei, vier Tagen ist der Kampf entschieden. Das Gewebe schwillt wieder ab. Das Fieber sinkt, und das Krankheitsgefühl schwindet.

Die wichtige Arbeit ist geleistet. Aber noch sind wir längst nicht wieder gesund. Denn noch ist unser Blut überschwemmt mit den Immunkomplexen. Die »gefesselten« Viren in ihnen können zwar keine Infektion mehr auslösen. Doch die Immunkomplexe stellen noch immer eine Bedrohung dar. Der Körper muß sie ausscheiden, was nur möglich ist, wenn sie klein genug sind. Die größeren Komplexe müssen von den Freßzellen angegangen und aufgelöst werden. Das ist nach einer heftigen Infektion keine kleine und schon gar keine unwichtige Arbeit. Werden die Immunkomplexe nämlich nicht aus dem Blut beseitigt, dann können sie sich an Gefäßwänden anheften. Das geschieht dann vornehmlich dort, wo der Blutfluß ins Stocken geraten ist, mit Vorliebe in den Gelenken und in verspannten Muskeln. Wenn Abwehrzellen aber feststellen, daß Zellmembrane auf diese Weise »verunreinigt« sind, greifen sie diese Zellen an. Sehr leicht kann es dabei zu einem entzündlichen Prozeß kommen, der nicht mehr rechtzeitig abgestoppt werden kann. Mit den »Verunreinigungen« wird das eigene Gewebe angegriffen, weil es nicht mehr als körpereigen und somit schutzbedürftig erkannt wird. Es kommt zur Autoimmunkrankheit oder, wie man auch sagt, zur Autoaggressionskrankheit. Ein Reihe sehr schmerzhafter Krankheiten des rheumatischen Formenkreises gehört dazu. Die Entzündungen richten sich gegen den eigenen Organismus.
Droht dem Körper aber bereits die nächste Infektion, bevor die Immunkomplexe beseitigt werden konnten, dann muß er sich vordringlich der Abwehr des neuen Aggressors widmen. Der Abbau der Immunkomplexe muß vertagt werden. Es werden also neue Antikörper produziert, es entstehen neue Immunkomplexe, die zu den alten, noch nicht beseitigten, hinzukommen. Je häufiger die Infektionen einander ablösen, desto größer ist die Gefahr, daß das Immunsystem in seinem hektischen Bemühen, der Krankheitserreger Herr zu werden, das Augenmaß verliert. Dann stellt es leicht, gemessen an der Notwendigkeit, zu viele Antikörper her. Dann aber bindet ein Antikörper nicht mehr zwei oder drei Viren an sich, sondern bis zu zehn Antikörper oder noch mehr stürzen sich auf einen Viruspartikel. Dadurch entste-

hen besonders große Immunkomplexe, die besondere Anforderungen an ihre Beseitigung stellen.
Fast noch verhängnisvoller ist aber, daß wir der Beschwerden wegen massiv in das Geschehen eingreifen und das Immunsystem drastisch behindern. Wenn der Schnupfen zu heftig geworden ist, die Schleimhaut in der Nase uns am Atmen hindert, greifen wir allzu leicht zu Nasentropfen oder einem Spray, das die Schwellungen reduziert. Damit zwingen wir den Organismus, die Zellen zu verkleinern und leistungsschwächer zu machen. Die Produktion von Immunfaktoren wird gedrosselt. Wir fühlen uns zwar erleichtert, weil die Nase nicht mehr so sehr verstopft ist, aber wir haben in die Auseinandersetzung zwischen Immunsystem und Krankheitserreger zugunsten der Viren eingegriffen. Wir bilden uns ein, die Infektion besiegt zu haben, weil die Krankheitssymptome geringer geworden sind. Doch in Wirklichkeit haben wir nicht uns, sondern den Viren Luft verschafft. Wir stürzen uns erneut und nicht selten sogar mit doppeltem Eifer in einen mörderischen Streß, weil ja die liegengebliebene Arbeit nachgeholt werden muß – und drosseln das Immunsystem zusätzlich. Wir belasten unseren Körper mit viel zu üppiger und nicht selten auch falscher Nahrung und stellen damit zugleich erhöhte Anforderungen an unser Immunsystem. Das ist ein gefährlicher Teufelskreis. Unsere körpereigenen Abwehrkräfte bekommen nicht die geringste Chance, eine einzige Sache einmal wirklich zu Ende zu bringen. Die weißen Blutkörperchen werden pausenlos zu hektischer Vervielfältigung und unentwegtem Einsatz an tausend Fronten gezwungen. Die Lage wird immer unübersichtlicher, und die Gefahr wächst, daß sich ein Fehler einschleicht.
Es ist kein Zufall, daß sich viele chronische Leiden weithin schon um das 40., 45. Lebensjahr einstellen. Zu diesem Zeitpunkt erreichen viele von uns einen Zustand, in dem das Immunsystem wegen seiner ständigen Überbeanspruchung völlig erschöpft ist und sich nicht mehr entschlossen und schlagkräftig aufbäumen kann. Ich habe für diesen Augenblick den Begriff Immunopause geschaffen – in Anlehnung an die Menopause, die mit einem

Versickern der Hormonquellen in der Mitte des Lebens zu tun hat: Viele Patienten, die scheinbar wie vom Blitz aus heiterem Himmel heraus von einem chronischen Leiden heimgesucht werden, versichern ihrem Arzt: »Ich verstehe das überhaupt nicht. Viele Jahre lang war ich kerngesund. Selbst die früher regelmäßig auftretenden Grippeerkrankungen und Anginen haben mich verschont. Deshalb hätte ich es niemals für möglich gehalten, daß ich jetzt so etwas erleben muß.«

Diese Leute haben ganz einfach Beschwerdefreiheit mit Gesundheit verwechselt. Sie hielten sich für besonders abwehrstark. In Wirklichkeit war ihr Körper nicht mehr in der Lage, akut krank zu werden. Das Immunsystem konnte sich nicht mehr machtvoll gegen einen Krankheitserreger aufbäumen. Die Infektionen verliefen »kalt«, aber sie waren weder seltener noch ungefährlicher geworden. Im Gegenteil. Das Immunsystem hatte begonnen, sich mit gewissen Fehlern und Bedrohungen abzufinden. Es dürfen Krebszellen heranwachsen, weil sie »übersehen« werden. Es können sich Viren im Nervengeflecht »verstecken«, das für Immunfaktoren unzugänglich ist. Es werden Gift- und Schadstoffe nicht mehr beiseite geräumt. Damit beginnt aber das eigentliche Kranksein.

Immer wieder versuche ich meinen Patienten den großen Unterschied zwischen akuter Erkrankung und chronischem Leiden begreiflich zu machen. Die Reaktion des Körpers auf eine Infektion ist kein Leiden. Es sollte auch nicht als Schwäche oder Hinfälligkeit verstanden werden. Wir dürfen uns sogar freuen, wenn wir auf eine Infektion hin noch krank werden können. Denn es ist ein Hinweis dafür, daß unser Immunsystem intakt ist. Nur: Wir sollten den Organismus auch gewähren lassen und ihm nicht in den Rücken fallen. Wir müssen uns wieder angewöhnen, banale Infektionen wie einen grippalen Infekt gründlich auszukurieren. Denn diese Erkrankung bedeutet Immuntraining. Bei der akuten Erkrankung infolge einer Infektion wissen wir, daß auf die Heilkräfte des Körpers noch Verlaß ist. Insofern kann man eine »Grippe« sogar begrüßen!

Beim chronischen Leiden dagegen nützt es nichts mehr, darauf zu warten, daß sich der Körper selbst helfen kann. Das Immunsystem ist zu einer gesunden Reaktion nicht mehr imstande. Das Leiden ist der deutliche Hinweis dafür, daß das Immunsystem aus irgendeinem Grund versagt hat. Das ist etwas völlig anderes. Nicht vor der akuten Erkrankung sollten wir uns fürchten – sondern vor allem vor dem Siechtum, wie man früher sagte: vor der Krankheit infolge eines angeschlagenen, irritierten, schwachen Immunsystems.

Mangelndes Immuntraining

Immer wieder habe ich mich gefragt: Warum bietet unser Immunsystem gegen gefährliche Viren eine lebenslange Immunität, während dieser Schutz bei einer Grippe oder einem grippalen Infekt schon nach wenigen Monaten wieder abgebaut wird? Mich hat folgende Antwort überzeugt: Wir brauchen den grippalen Infekt in regelmäßigen Abständen, weil er für unser Immunsystem das wirksamste Immuntraining darstellt. Von Zeit zu Zeit müssen sich alle Faktoren des Immunsystems an einem relativ harmlosen Virus erproben können, damit es im wirklich bedrohlichen Ernstfall perfekt und fehlerfrei funktionieren kann. Zugleich bekommt das Immunsystem mit dieser Mobilisierung wohl auch die große Chance, Rückstände aufzuarbeiten, die aus früheren, nicht völlig ausgeheilten Infektionen und sonstigen Überlastungen den Organismus belasten.
Damit bin ich bei der zweiten Gruppe der Fehlermöglichkeiten, die unser Immunsystem irritieren können. Es besteht in der fehlenden oder mangelhaften Erprobung. Eines der wichtigsten Grundgesetze des Lebens lautet: Was nicht gefordert wird, muß verkümmern. Das gilt nicht nur für Muskeln, für Drüsen, für die Fähigkeit des Körpers, sich an wechselnde Temperaturen anzupassen, sondern für alle Organe und Körperfunktionen – selbstverständlich auch für das Immunsystem.
Das bedeutet aber auch: Man kann die Kräfte des Immunsystems systematisch trainieren. Sie müssen immer wieder in der Erpro-

bung erfahren, angemessen zu reagieren, also weder zu träge noch zu heftig – vor allem aber fehlerfrei richtig.
Der entscheidende Fehler in dieser Hinsicht wird durch den zu raschen und überflüssigen Einsatz schnell wirksamer, starker Medikamente gemacht. Wir lassen dem Immunsystem keine Chance, sondern versuchen bei kleinsten Befindensstörungen, ihm zuvorzukommen – weil wir keine Zeit mehr haben, eine Infektion auszukurieren. Auf die Problematik der zu häufigen Impfungen schon im Kindesalter habe ich bereits hingewiesen. Auch der vielfach so unsinnige Einsatz von Antibiotika wurde schon erwähnt. Wir glauben, uns keine »Grippe« leisten zu können, weil es als Schwäche oder Drückebergerei ausgelegt werden könnte. Deshalb schlucken wir irgend etwas, von dem wir wissen, daß es uns in ähnlicher Situation geholfen hat. Und wieder einmal ist eine große Chance vertan. Man könnte direkt sagen: Das Immunsystem wird nicht nur nicht eingesetzt – zumindest nicht in seinen ganzen Entfaltungsmöglichkeiten – es wird darüber hinaus auch noch fahrlässig getäuscht, unterdrückt, ausgeschaltet und in ganz falsche Richtungen gedrängt.
Ich will das an einem Beispiel erläutern, das ich schon wiederholt zitiert habe, weil es augenfällig zeigt, wie systematisch wir unser Immunsystem durch unbedachtes Vorgehen zerstören: Zwischen den Vereinigten Staaten von Amerika und Mexiko gibt es seit vielen Jahrzehnten ein scheinbar unlösbares Problem, das schon viel Streit und Auseinandersetzungen zwischen den Regierungen ausgelöst hat: Nur wenige Kilometer südlich von San Diego, knapp hundert Kilometer von Los Angeles entfernt, liegt direkt an der Grenze der mexikanische Ort Tijuana. Mit 28 000 Prostituierten stellt die Stadt das größte Freudenhaus der Welt dar – und eines der schlimmsten Gesundheitsprobleme für die kalifornische Bevölkerung. Um die US-Pendler wenigstens vor ansteckenden Krankheiten zu bewahren, trafen die USA und Mexiko unmittelbar nach dem Zweiten Weltkrieg ein Abkommen: Die Prostituierten wurden gezwungen, regelmäßig vorbeugend Antibiotika einzunehmen. Im Laufe der Jahre beobachtete man, daß die bakteriellen Infektionen zwar drastisch zurückgingen. Die betrof-

fenen Frauen waren dafür aber um so anfälliger für Pilz- und Virusinfektionen. Ungewöhnlich viele von ihnen starben noch in jungen Jahren an Virusinfektionen. Das »Experiment« mußte daraufhin abgebrochen werden.
Man könnte sich über so törichte Handlungsweisen wundern, wären nicht wir alle in ständiger Versuchung, ganz ähnlich zu reagieren. Was macht eine besorgte Mutter, wenn das Kind mit hohem Fieber im Bett liegt – und der Hausarzt etwa Wadenwickel, Himbeersaft und Holundertee empfiehlt? Sie schickt ihn weg und holt einen Arzt, der wirksamere Mittel anwendet. Sie will, daß ihr Kind ganz schnell wieder fieberfrei und gesund wird. So bekommt das Kind schließlich Antibiotika. Am zweiten Tag fühlt es sich wieder wohl und ist nicht mehr im Bettchen zu halten. Warum sollte man auch darauf bestehen. Es hat ja kein Fieber mehr. Es sieht doch aus, als wäre es gesund. Es kann sogar wieder in die Schule gehen. Daß die erneute und meistens schlimmere Erkrankung wenige Wochen später mit der ersten, unterdrückten unmittelbar zusammenhängt, wird nicht bedacht. Daß die Antibiotika gegen Viren überhaupt nichts ausrichten können, sondern lediglich die Krankheitssymptome verwischen, das möchte man nicht wahrhaben. Schließlich hat das Medikament doch eine positive Wirkung gehabt. Meint man.
Umgekehrt wird bei scheinbar nur lästigen Virusinfektionen vorgegangen. Nehmen wir als Beispiel die Herpes-simplex-Infektionen vom Stamm 1 *(Herpes labialis)*, der die Lippenbläschen verursacht. Von Millionen Menschen werden sie hingenommen, weil es scheinbar kein Mittel dagegen gibt. Man weiß: Von Zeit zu Zeit treten die Bläschen an den Lippen eben auf. Sie trocknen ab und verschwinden wieder. Man bekommt sie bei Fieber, weshalb man auch von Fieberbläschen spricht, nach psychischen Belastungen, bei Magen-Darm-Störungen, während der Menstruation. Scheinbar verfügt auch das Immunsystem über kein Mittel gegen diese Viren. Tatsächlich verstekken sich die Viren zwischen der obersten Hautschicht und den Wirtszellen und warten dort auf den Augenblick, erneut zu-

schlagen zu können. Es handelt es sich also nicht um eine neue Infektion, wenn sich die Bläschen wieder bilden – sondern um ein sogenanntes Rezidiv, um das erneute Aktivwerden der Viren. Dasselbe Virus kann aber auch eine Hirnhautentzündung auslösen! Das stets erneute Aufflammen der Krankheit verweist darauf, daß das Immunsystem bei der ursprünglichen, ersten Begegnung nicht entschlossen genug gegen das Virus vorgegangen ist. Ganz offensichtlich fehlte das nötige Immuntraining. Nur damit, nicht mit irgendeinem Mittel kann man die Herpes-Infektion besiegen. Ein verwandtes Herpes-simplex-Virus verursacht Bläschen nur im Genitalbereich. Dieses Virus ist wohl noch wesentlich gefährlicher und darf überhaupt nicht geduldet werden, steht es doch im begründeten Verdacht, Gebärmutterhalskrebs zu verursachen.
Ähnlich ist es mit den Warzen: Auf der Haut bilden sich harte Knötchen. Sie werden vom Papilloma-Virus hervorgerufen und sind ebenfalls ein Zeichen dafür, daß das körpereigene Abwehrsystem sich in einer Krise befindet. Solche Warzen treten nämlich vorwiegend während der Pubertät, in der Zeit der Schwangerschaft, während der Wechseljahre und im nahenden Alter auf. Auch sie dürfen nicht einfach hingenommen werden. Wir wissen nicht, ob die Warzen-Viren nicht auch andere und schlimme Krankheiten verursachen können.
Kurz: Wo immer sich Hinweise dafür finden, daß sich Viren in unserem Körper aufhalten und dort geduldet werden, muß das als Alarmzeichen verstanden werden. Mit Viren ist nicht zu spaßen. Ich möchte direkt sagen: Harmlose Viren gibt es nicht.

Die Seele und das Immunsystem

Das Beispiel der Warzen – aber auch das der Herpes-Viren – verweist uns zugleich auf eine noch ganz andere und sehr bedeutsame Einflußnahme auf das Immunsystem: Herpes-Viren können ihre Aktivität unter anderem im Augenblick seelischer Bedrükkung entfalten. Solange wir heiter und gelassen sind, haben die

Viren offensichtlich keine Chance. Und Warzen können über Nacht verschwunden sein, wenn uns vorgemacht wird, wir hätten ein wirksames Mittel dagegen bekommen.
Unser Immunsystem ist wunderbar perfekt und autonom. Es setzt sich absolut selbständig ein. Wie gesehen, tun wir gut daran, es nicht zu behindern, sondern gewähren zu lassen.
Eine ganz wesentliche Einschränkung gibt es aber doch: Auch die T-Lymphozyten, die Führungskräfte im Immunsystem, sind abhängig von Signalen, die nun allerdings nicht aus dem körperlichen, sondern ursprünglich aus dem seelischen Bereich stammen. Sie sind nicht nur abhängig von seelischen Regungen, die animierend oder drosselnd wirken, sondern selbst von flüchtigsten und heimlichsten Gedanken.
Das ist lange von der Wissenschaft bestritten worden, gilt heute aber als gesichert. Mit jedem Blick, jedem vernommenen Wort oder Ton, mit dem, was wir schmecken, riechen und ertasten, nehmen wir Eindrücke auf, die sekundenschnell beurteilt, eingeordnet, verwertet werden. Die Antwort unserer Seele auf diese Sinneseindrücke aber löst ebenso umgehend Signale aus, die ohne Umweg und sofort an unser Immunsystem weitergeleitet werden.
Wir begegnen beispielsweise einem fremden Menschen. Ohne daß wir begründen könnten warum, haben wir im Bruchteil einer Sekunde das Urteil gefällt: Er ist mir sympathisch oder unsympathisch. Entsprechend reagieren wir freundlich oder reserviert. In unfaßbarer Geschwindigkeit hat unser Gehirn eine Fülle von Eindrücken gesammelt, mit früheren Erfahrungen verglichen und dann das Urteil gefällt. Und genauso, wie wir uns nun zuwendend oder ablehnend verhalten, reagiert unser Immunsystem, dem unsere Entscheidung übermittelt wird. Es kann sich dagegen nicht auflehnen.
Oder: Wir verzehren eine Speise. Bevor noch unsere Millionen Geschmacksnerven sie bewerten können, haben Augen und Nase schon ein erstes vorläufiges Urteil gefällt. Allein Aussehen und Geruch können im Falle eines auftauchenden Ekelgefühls bewirken, daß sich uns der »Magen umdreht«. Nach dem ersten Bissen

aber ist die Entscheidung endgültig gefallen, ob uns das Gericht mundet oder ob es uns nicht schmeckt. Je nach dieser Entscheidung wird es uns letztlich bekommen – oder vom Körper mehr oder weniger stark abgelehnt werden.
Genauso müssen wir uns auch die Reaktionen des Immunsystems auf gedankliche und gefühlsmäßige Entscheidungen vorstellen.
Aus Amerika kam jüngst ein neuer Zweig medizinischer Forschung, der sich genau mit dieser Rückkoppelung befaßt. Er nennt sich Psycho-Neuro-Immunologie und widmet sich der Erforschung der Wechselbeziehungen zwischen den Sinneseindrükken, ihrer Verwertung und ihrer Übermittlung durch Botenstoffe auf die Immunfaktoren. Wissenschaftler von der Universität von Alabama in Birmingham (USA) gehen heute sogar so weit, daß sie unser Immunsystem als sechsten Sinn bezeichnen und zu den Sinnesorganen zählen. Zahlreiche Experimente haben bestätigt, was erfahrene Ärzte schon immer behauptet haben: Immunsystem, Hormonsystem, Nervensystem und Sinnesorgane sind so eng und so direkt miteinander verknüpft, daß unsere Reaktion auf das, was wir wahrnehmen, sofortige Auswirkung auf die verschiedenen Faktoren des körpereigenen Abwehrsystems hat. Wenn wir gedanklich ablehnend gegen etwas oder jemanden reagieren, produziert auch das Immunsystem Abwehrfaktoren. Wenn wir resignieren, drosselt auch unser Immunsystem seine Aktivitäten. Wenn wir von Ängsten und düsteren Vorahnungen geplagt werden, können sich auch die Immunfaktoren nicht unbehindert entfalten. Wenn wir dagegen optimistisch und freudig gestimmt sind, ist auch das Immunsystem einsatzfreudig, frei von Hektik, aber aktiv.
Ein Experiment an der Universität Trier machte deutlich, wie selbst Einbildungen auf das Immunsystem wirken und wie direkt das funktioniert. Eine Forschergruppe machte sich die Tatsache zunutze, daß das Hormon Adrenalin die Aktivität der Killerzellen meßbar steigert. Sie verabreicht freiwilligen Versuchspersonen einige Tage hintereinander harmlose Adrenalin-Injektionen. Mit einem speziellen Meßverfahren wurde die Aktivität bestimmter Immunfaktoren jeweils vor und nach der Injektion gemessen.

Wie erwartet, zeigte sich ein deutlicher Anstieg der Killerzellen innerhalb einer Stunde. Ohne daß die Versuchspersonen darum wußten, wurde das Adrenalin nach wenigen Tagen nun durch eine einfache Salzlösung ersetzt, die an sich keinen Effekt auf das Immunsystem hätte haben dürfen. Weil die Versuchspersonen aber der Meinung waren, sie bekämen nach wie vor Adrenalin injiziert, reagierte ihr Körper auf die Salzlösung, als handelte es sich um eine Adrenalin-Injektion: Es kam ebenfalls zu der deutlichen »Aufrüstung« der Killerzellen.

Dieses Experiment zeigt wie viele andere, daß unser Immunsystems keinesfalls nach Gutdünken schalten und walten kann. Es ist abhängig von Gefühlsregungen, von Gedanken, kurz von der Lebenseinstellung, die wir uns zueigen gemacht haben.

Jetzt verstehen wir auch, warum heitere, frohe Menschen offensichtlich gesünder leben und für Infektionen weniger anfällig sind als hoffnungslose, traurige, enttäuschte, ängstliche. Jetzt begreifen wir auch, warum ein Virus plötzlich virulent werden kann, wenn wir bedrückt und niedergeschlagen sind. Warum Warzen über Nacht verschwinden können, wenn wir fest daran glauben. Plötzlich gibt es eine Erklärung für die bisher so rätselhaften Spontanheilungen selbst bei schlimmsten Krankheiten, die bisher allen Heilungsversuchen getrotzt hatten und sogar als hoffnungslos galten. Die Angst vor einer Krankheit kann schlimmer sein als die Krankheit selbst, weil sie das Immunsystem lähmt. Umgekehrt ist Zuversicht und Unbeschwertheit einer der mächtigsten Heilfaktoren. Wir sollten ihn nur viel häufiger und gezielter einsetzen!

Zu allen Zeiten hat man während schlimmer Seuchen beobachtet, daß mutige Ärzte, Helfer, Krankenschwestern trotz übermenschlicher Leistungen und Erschöpfung in Krankenhäusern nicht krank wurden, obwohl sie sich eigentlich als erste hätten anstekken müssen. Ihre Tapferkeit, die Herzensstärke und die unbändige Zuversicht hat ihnen ein ebenso entschlossenes und starkes Immunsystem verliehen.

Wir wissen heute, daß unser lymphatisches Gewebe über direkte Nervenleitungen mit Partien des Gehirns verbunden ist. Auf bestimmte Signale hin werden Hormone ausgeschüttet, die an Rezeptoren der Lymphozyten anheften und ihnen somit Signale zum Einsatz oder zum Einsatzstop vermitteln. Trennt man solche Nervenleitungen durch, verliert das Immunsystem an Wirksamkeit.

Ich will diese so wichtigen Zusammenhänge noch einmal ganz deutlich wiederholen: Wir Ärzte beobachten immer wieder, daß etwa eine Frau wenige Wochen nach dem Tod ihres Mannes oder nach der ungewollten Trennung von ihm plötzlich schwer krank wird. Sie hat sich gesagt: »Was soll ich noch auf dieser Welt. Das Leben lohnt nicht mehr!« Eine solche Aussage, und wäre sie nur gedanklich erfolgt, wird vom Immunsystem ganz offensichtlich ganz wörtlich genommen.

Dabei dürfen wir uns aber selbst nun nichts vormachen: Es genügt nicht, sich heiter und zuversichtlich zu geben, wenn man es nicht wirklich ist. In diesem Fall hilft nur die absolute Ehrlichkeit, denn unser Organismus würde jede Lüge sofort durchschauen. Er vernimmt, was wir innerlich denken, nicht das, was wir aussprechen. Und wäre in unserer Feststellung auch nur der geringste Zweifel gegeben, dann würde sich das Immunsystem an den Zweifel halten, nicht an das, was wir aussprechen.

Die Schöpfer des autogenen Trainings, allen voran der französische Apotheker Emile Coué (1857–1926) und der deutsche Arzt Professor J. H. Schultz (1884–1970), haben um diese Zusammenhänge noch nicht gewußt, doch sie haben sie erahnt. Wenn Coué die Kranken aufforderte, sich einzureden: »Mir geht es täglich besser. Ich werde gesund!«, wenn Professor Schultz behauptete: »Jede feste Vorstellung hat die Tendenz, sich zu verwirklichen!«, dann haben sie damit die Psycho-Neuro-Immunologie vorweggenommen – und recht behalten: Das Immunsystem kann seine Kräfte nur dann gesund entfalten, wenn es vom Kopf her die richtigen Signale bekommt. Gesundheit und auch jede Gesundung nimmt seinen Ausgang vom Kopf her. Nur so ist es zu erklären, daß Warzen, also die Folgen einer Virusinfektion, über Nacht verschwinden, wenn man nur fest genug daran glaubt.

Solche Heilungen vom Kopf her können aber nur bei absoluter

Ehrlichkeit funktionieren. Wir können auch nicht so tun, als hätten wir einen schweren Konflikt gelöst. Solange unterschwellig noch negative Regungen wie Haß, Bitterkeit oder Angst vorhanden sind, existieren auch die negativen Signale, die unser Immunsystem am tatkräftigen Einsatz hindern. Erst wenn wir die Schuldgefühle bewältigt und allen vergeben haben, die uns etwas Böses angetan haben, kann der Körper sich selbst wieder ungehindert helfen, weil die Blockade gefallen ist.

Wir Ärzte erleben das immer wieder – und stehen oft ziemlich hilflos unseren Patienten gegenüber. Da kommt etwa eine junge Frau zu uns. Sie leidet an einer schweren Virusinfektion. Es sieht zunächst so aus, als wäre dieser Krankheit nicht beizukommen. Dann spricht man mit der Patientin, fragt sie nach ihren beruflichen und privaten Sorgen. Und plötzlich bricht aus ihr die ganze Not ihres scheinbar so verpfuschten Lebens heraus. Sie schüttet ihr Herz aus und geht dann sichtlich erleichtert aus dem Behandlungszimmer. Und plötzlich beginnt die Therapie zu wirken. Die Patientin wird von Tag zu Tag lebhafter, unternehmungslustiger, zuversichtlicher. Der Knoten, der das Immunsystem bisher blokkiert hatte, ist gelöst. Ein einziger Moment der Ehrlichkeit hat das »Wunder« bewirkt. Ich bin überzeugt davon, daß die Einsicht in solche Zusammenhänge schon in naher Zukunft eine immer bedeutsamere Rolle spielen wird.

Nicht zuletzt deshalb sollten wir alle uns von Zeit zu Zeit vom Alltag mit seinen privaten und beruflichen Problemen loslösen, um in einer gewissen Abgeschiedenheit eine Art Gesundheitsbilanz zu ziehen, die sich nicht auf rein körperliche Diagnosen und Therapien beschränkt, sondern zugleich die Chance bietet, Lebensziele, Lebenseinstellung und Verhaltensnormen zu überprüfen und sich über Konfliktsituationen Klarheit zu verschaffen. Im Immun-Trainigs-Center Schwarzwald Sanatorium Obertal lassen sich nicht zuletzt deshalb seit Jahrzehnten so günstige Therapieergebnisse erzielen, weil dort zur medizinischen Betreuung der Erholungsfaktor intakte Natur und eben diese Loslösung von der Hetze des Alltags hinzukommen. Wer sich bewußt seiner Vorantwortung für die eigene Gesundheit hier einfindet, der bekommt

das komplette Bündel an Möglichkeiten geboten, sein Leben – und zwar sein ganzes Leben – mit Leib und Seele wieder in Ordnung zu bringen.
Umgekehrt muß man allerdings im selben Atemzug sagen, daß die nahe Verbindung von Seele und Immunsystem keine eingleisige Angelegenheit ist. Nicht nur die Seele kann den Körper krank machen und eine Heilung verhindern. Der Zug kann auch in umgekehrter Richtung fahren: Ein Immunsystem in Not vermag die Seele niederzudrücken und die Freude zu zerstören. Wir wissen heute auch, daß speziell Viren eine vernichtende Wirkung auf das Gemüt haben können. Ihr Zerstörungswerk kann jene Zentren ausschalten, die für körpereigene Drogen zuständig sind. Dann werden wir unfähig, Freude oder gar Glück zu empfinden.
Um so wichtiger ist es, einerseits durch Freude, solange wir dazu fähig sind, das Immunsystem zu stimulieren und aktiv zu erhalten – andererseits aber auch sehr sorgfältig für ein stets perfekt funktionierendes Immunsystem zu sorgen. Wir dürfen keine Viren dulden und ihnen auch nicht den kleinen Finger reichen – und wären sie scheinbar auch noch so harmlos. Wir müssen jedes kleine Anzeichen einer Infektion beachten und sofort und entschlossen handeln. Voll Vertrauen in die wunderbaren Fähigkeiten unseres perfekten Immunsystems.

5

So wehren wir uns gegen Viren richtig

Recht deutlich kann ich mich an die Zeiten erinnern, in denen es noch keine Antibiotika gab und Schutzimpfungen noch in den Anfängen steckten. Kinderkrankheiten stellten noch ein bedrohliches Problem dar. Häufig konnte ich seinerzeit, etwa in den späten 30er oder in den frühen 40er Jahren, beobachten, wie Mütter mit solchen Krankheiten umgingen. Wenn sich ihr Kind in der Schule etwa mit den Windpocken angesteckt hatte, dann haben sie nicht etwa von den übrigen Kindern isoliert, sondern sie haben alle Kinder der Familie bewußt zusammengelegt. Damit wollten sie die Infektion in »einem Aufwasch« hinter sich bringen. Es war sicherlich auch einfacher, alle Kinder gleichzeitig im Bett zu halten, als eines nach dem anderen. Andererseits wußten diese Mütter aber auch mit natürlichem Selbstverständnis, daß es für ein Kind gut ist, die Infektion möglichst frühzeitig durchzustehen, um fortan gegen die Krankheit immun zu sein. Denn, daran gab es auch damals schon keinen Zweifel mehr: Kinder bewältigen die sogenannten Kinderkrankheiten leichter als Jugendliche und Erwachsene. Es schien deshalb sehr wichtig, den Kontakt mit Viren und Bakterien nicht unnötig hinauszuschieben. Wir wissen heute, daß diese Einstellung zur Infektion keineswegs falsch war.

Kinder sind Krankheitserregern gegenüber nicht etwa anfälliger, wehrloser ausgeliefert als Erwachsene. Kinderkrankheiten nennt man nur deshalb so, weil die erste Begegnung mit der Infektion in aller Regel im Kindesalter stattfindet. Das Immunsystem ist aber bei einem gesunden Kind noch weit besser intakt als in späteren Jahren.

Dafür gibt es hauptsächlich zwei Gründe: Einmal ist das Immunsystem noch ursprünglich gesund und schlagkräftig. Es gibt noch keine Abnützungserscheinungen und keine Irritationen durch den unentwegten »Vielfrontenkampf«. Die Thymusdrüse, die »Schule« der Führungsfaktoren des Immunsystems, ist prall ausgebildet, woraus man wohl schließen darf, daß in dieser Zeit eine sehr intensive und breite »Schulung« der Abwehrfaktoren stattfindet. Das Immunsystem ist also nicht nur besonders leistungsstark, sondern in seinen Antworten auch zielsicher und »intelligent«.

Kinder haben zu Krankheiten aber auch ein wesentlich unkomplizierteres Verhältnis als Erwachsene. Sie werden nicht von Sorgen und Ängsten geplagt, die ihre Abwehrkräfte blockieren könnten. Das ist das eine.

Die drei natürlichen Immunkrisen

Hinzu kommt aber ein zweiter, sehr wichtiger Punkt: Unmittelbar nach der Kindheit, nämlich schon in der Zeit der Vorpubertät, also etwa mit zwölf, dreizehn Jahren, kommt jeder, ob Junge oder Mädchen, in die erste große Immunkrise: Im Körper nehmen die Sexualdrüsen ihre Tätigkeit auf. Ihre Hormone sind die Voraussetzung dafür, daß aus dem Jungen ein Mann, aus dem Mädchen eine Frau werden kann. Zugleich sind sie im Organismus aber auch »Gegenspieler« der Thymusfaktoren. Und das bedeutet: Das Wachstum wird abgestoppt, das Immunsystem gedrosselt. Die Thymusdrüse verliert ihre pralle Fülle und wird deutlich kleiner.

Einfach ausgedrückt heißt das: Die natürliche, gesunde Entwicklung eines jungen Menschen macht es notwendig, daß die Immunfaktoren vorübergehend »an die Kette gelegt« werden. Sie dürfen die Sexualhormone nicht behindern. Aus diesem Grund sind in früheren Zeiten so viele junge Menschen zwischen dem 17. und 25. Lebensjahr etwa an einer Tuberkulose, an Diphterie oder einer anderen schweren Infektion gestorben. Die natürliche Immunsuppression während der Pubertät ist auch der Grund dafür, warum Jugendliche ausgerechnet in dieser Zeit verstärkt mit Warzen und mit Herpes zu tun haben. Auch die Akne, die jungen Menschen vor allem zwischen dem 17. und 25. Lebensjahr zu schaffen macht, ist letztlich das Ergebnis des geschwächten Immunsystems. Bakterien verursachen die eitrigen Hautbläschen.

Die zweite Immunkrise ist während der Schwangerschaft gegeben. Hier spielt ebenfalls der veränderte Hormonhaushalt eine entscheidende Rolle. Es kommt aber noch hinzu, daß das Immunsystem daran gehindert werden muß, das werdende Leben, das ja von den Genanlagen des Vaters her etwas Artfremdes an sich hat, abzustoßen.

Die dritte Immunkrise erleben – Mann wie Frau – in der Zeit der Wechseljahre. Und wieder ist diese vorübergehende Abwehrschwäche unmittelbar mit der Hormonumstellung im Körper verbunden: Die Sexualhormondrüsen beginnen zu versiegen – diesmal mit dem Effekt, daß auch ihre Gegenspieler, die Thymusfaktoren, des ausgewogenen Gleichgewichts wegen vermindert werden.

Diese drei Immunkrisen im Leben eines jeden Menschen sind natürlicherweise vorgegeben. Jede Infektion muß sich in den entsprechenden Phasen besonders heftig auswirken, falls nicht zuvor ein stabiler Immunstandard erreicht wurde. Die Krisen lassen sich um so leichter bewältigen, je mehr Erfahrungen das Immunsystem in den davorliegenden Zeiten sammeln konnte. Gerade deshalb ist es so wichtig, daß der Mensch bereits im Kindesalter mit den wichtigsten Krankheitserregern in Kontakt kam. Wir müssen zur Kenntnis nehmen – das scheint mir ein

besonders wichtiger Punkt der Gesundheitserziehung zu sein – daß die Kindheit zwischen dem sechsten Lebensmonat und dem zwölften Lebensjahr für die Gesundheit die entscheidendste und wichtigste Phase ist.
Doppelt und dreifach schwierig aber müssen die nachfolgenden Immunkrisen werden, wenn etwa zwei von ihnen zusammentreffen. Wenn also beispielsweise eine junge Frau schon während der Pubertät schwanger wird. Da die »Pille« als Mittel der Kontrazeption, also der Empfängnisverhütung, dem Organismus eine Schwangerschaft vortäuscht – mit den entsprechenden Hormonumstellungen –, sind junge Mädchen, die zu früh zur »Pille« greifen, ebenfalls doppelt gefährdet. Die von außen zugeführten Sexualhormone, hauptsächlich die Östrogene, tragen zum Verkümmern der Thymusdrüse bei. Damit wird wiederum das Wachstum des Mädchens abgestoppt und das Immunsystem nicht nur supprimiert, sondern womöglich auch noch irritiert.

Immuntraining im Kindesalter

Wollen wir uns gegen Viren wirksam zur Wehr setzen, muß die wichtigste Regel lauten: Wir dürfen uns nicht absondern, nicht versuchen, mit übertriebener Hygiene Viren fernzuhalten – sondern wir müssen uns ihnen von Anfang an stellen! Wir können unsere Kinder nicht unter eine sterile Glasglocke stellen, was letztlich auch nicht durchführbar und schon gar nicht hilfreich wäre, sondern wir sollten es als selbstverständlich und sogar günstig bewerten, wenn unser Kind schon in der Vorschulzeit wenigstens die eine oder andere Kinderkrankheit durchmacht. Denn damit wird es gestärkt für die nachfolgende Zeit des natürlicherweise geschwächten Immunsystems in der Pubertät.
Fast ebenso wichtig ist aber, daß wir jede Infektion des Kindes mit der Entschlossenheit angehen, als würde es sich um eine lebensbedrohende Erkrankung handeln. Das eigentliche Risiko für unsere Kinder heute – das bestätigen mir Kinderärzte, und ich kann es selbst immer wieder beobachten – liegt in einer weit

verbreiteten, sträflichen gesundheitlichen Verwahrlosung. Unsere Kinder werden gegen die schlimmsten Gefährdungen geimpft. Damit hat sich so etwas wie eine falsche Sorglosigkeit in unserem Denken festgesetzt: Meinem Kind kann nichts passieren! Wir nehmen Schnupfen, Husten, eine Seitenstrang-Angina, ein Darmgrippe überhaupt nicht mehr ernst. Wir sehen darin Bagatellen, die von selbst wieder ausheilen. Und wir gewöhnen uns daran und nehmen es bald als selbstverständlich hin, daß unser Kind von einer Infektion in die andere schlittert. So, als wäre das völlig normal. Wenn die Beschwerden einmal schlimmere Formen annehmen, dann geben wir dem Kind möglicherweise den Rest eines Antibiotikums, das von einer früheren Therapie übriggeblieben ist – ohne daran zu denken, daß dieses Medikament bei Viren doch überhaupt nichts ausrichten kann.
Um es noch präziser zu sagen: Zwei grippale Infekte pro Jahr, vielleicht auch einmal eine dritte, das wäre noch im Bereich des Normalen. Kein Grund zur Beunruhigung. Alles, was darüber liegt, würde bereits darauf hinweisen, daß sich das Immunsystem unseres Kindes in einer bedenklichen Notsituation befindet.
Lassen Sie es mich noch einmal betonen: Es gibt keine harmlose Virusinfektion. Eltern müssen jede Krankheit ihres Kindes so lange und so sorgfältig behandeln, bis auch das letzte Krankheitssymptom verschwunden ist. Daß Ihr Kind die Infektion überstanden hat, das sehen Sie daran, daß es sich drei Wochen nach der Infektion gesünder, vitaler, leistungsfähiger fühlt, als es zuvor gewesen ist. Wenn das nicht erreicht werden konnte, ist die Infektion immer noch nicht voll überstanden. Dann sollten Sie alarmiert sein und nicht zögern, einen Arzt zu konsultieren.
In früheren Zeiten galt als Faustregel für jede »Grippe«: Das Kind darf erst aufstehen, wenn es drei Tage lang fieberfrei war. Heute werden solche Regeln weithin als übertrieben angesehen. Ich persönlich bin der Meinung, daß man gerade bei Kindern nicht mit den Tagen geizen darf. Unsere Wohnungen sind zwar besser beheizt. Die Gefahr einer Überanstrengung durch einen Kältestreß während einer Infektion ist gewiß nicht mehr so groß, wie das früher einmal gewesen ist. Doch nach wie vor gilt die alte

Regel: Der Organismus braucht zur vollen Überwindung einer Virusinfektion mit all ihren Folgen acht Tage. Er kann diese Arbeit heute nicht schneller lösen als in früheren Jahren.
Wenn ein Kind sich bereits drei Wochen nach einer Infektion mit einer erneuten Erkältung herumschlägt, dürfte es sich in den meisten Fällen nicht schon wieder angesteckt haben – das wäre um so schlimmer und würde darauf hinweisen, daß das Immunsystem während der Erkrankung keinerlei Training erfuhr – sondern die alte Infektion war nicht richtig auskuriert und ist erneut aufgeflammt.
Gerade wenn Kinder alle Schutzimpfungen schon in den ersten Lebensjahren erhalten haben, kommt den Erkältungen gesteigerte Bedeutung zu: Sie müssen jetzt die Trainingsfunktion übernehmen, die sonst den Masern, den Röteln oder den Windpocken zufallen würden. Deshalb: Lassen Sie Ihr Kind den Zustand des Fiebers erleben, ohne dieses vorschnell herunterzudrücken. Geben Sie dem Kind Zeit und Möglichkeit, absolut ungestört die Krankheit zu bewältigen. Machen Sie ihm vielleicht warme Halswinkel, etwa Zwiebel- oder Quarkwickel, geben Sie ihm enzymhaltige Lutschtabletten. Versorgen Sie es mit sehr leichter, gesunder Kost, und verschaffen Sie ihm die notwendige Ruhe.
Was im Kindesalter in der Auseinandersetzung mit Viren versäumt wird, kann nie wieder nachgeholt werden. Das ist eine Erfahrung, die ich allen Eltern dringend ans Herz legen möchte: Sehen Sie zu, daß ihr Kind kerngesund in die Jahre der Pubertät hineinwachsen kann. Mit einem perfekt funktionierenden, erfahrenen, wohltrainierten Immunsystem. Wenn das auch nur einigermaßen gelingt, brauchen Sie und Ihr Kind sich vor den Jahren des gedämpften Immunsystems nicht zu fürchten. Das notwendige »Sortiment« an Antikörpern ist vorhanden. Die ganz großen Auseinandersetzungen mit Krankheitserregern bleiben dem jungen Menschen in dieser schwierigen Situation erspart, weil die entsprechenden Erfahrungen bereits gesammelt wurden.

Allergien abgrenzen

Immer noch wichtiger wird in unseren Tagen aber auch die Abklärung, ob es sich bei einem Schnupfen oder einem Husten tatsächlich um eine Erkältung handelt oder ob das Kind möglicherweise an einer Allergie leidet. Auch das muß möglichst frühzeitig beantwortet werden, wobei der Arzt auf die Hilfe der Eltern und Erzieher angewiesen ist. Denn nur ihre aufmerksamen Beobachtungen können die entsprechenden Hinweise liefern: Wann ist der Schnupfen zum erstenmal bemerkt worden? Welche Umstände waren gegeben (Wetter, mögliche Überanstrengungen des Kindes, zu wenig Schlaf, psychische Belastungen)? Umfaßte der Speisezettel etwas Ungewohntes? Hat das Kind sich vielleicht Schleckereien gekauft – wenn ja: welche? Haben Sie sich zu Hause etwas Neues angeschafft, etwa neue Federkissen, ein neues Polstermöbel? Wurde im Haus ein Zimmer oder ein Gegenstand neu gestrichen? Bekam das Kind ein neues Kleidungsstück, etwa einen Pullover?

Sie sehen: Es gibt eine Fülle zu beachten und in Erwägung zu ziehen. Dabei müssen Sie in Ihr Detektivspiel immer zugleich auch die Tatsache mit einbeziehen, daß allergische Reaktionen niemals nach der allerersten Begegnung mit einer bestimmten Substanz auftreten, sondern frühesten bei der zweiten. Erst wenn der Körper bereits Antikörper gegen ein Allergen besitzt, kommt es zur allergischen Reaktion.

Es kann aber auch sein, daß ein Organismus eine Substanz schon seit Jahren kennt – um dann plötzlich aus scheinbar unerklärlichem Grund allergisch darauf zu reagieren. Sie besitzen vielleicht eine Katze. Ihr Kind hat schon drei, vier Jahre mit ihr zusammengelebt, mit ihr gespielt. Die beiden haben sich bestens vertragen. Wenn Ihr Kind nun plötzlich allergische Reaktionen zeigt, dann ist es durchaus möglich, daß sein Immunsystem gegen feinste Katzenhaarpartikel Antikörper gebildet hat.

An diesem Punkt wird Ihr Detektivspiel nun besonders wichtig. Wir haben erfahren: Allergien sind nicht einfach Immunfehler, entstanden aus einem bedauerlichen Irrtum bei einer Immunreaktion. Da muß weit mehr dahinterstecken: Wenn der Organismus Blütenpollen, Katzenhaare, Hausstaub oder sonst eine harmlose Substanz so massiv attackiert, wie das bei Allergien der Fall ist, dann muß man immer auch an falsche Signale der Seele denken. Speziell dann, wenn eine Allergie erst nach Jahren des friedlichen »Zusammenlebens« auftritt, wenn etwa die Katze so ganz plötzlich nicht mehr »ertragen« wird, steckt wohl immer ein seelisches Problem dahinter. Mag sein, das Kind fühlt sich gegenüber der Katze vernachlässigt, weil der Vater immer zuerst die Katze streichelt, wenn er nach Hause kommt, und sie auf seinen Schoß nimmt, auf dem der kleine Junge oder das kleine Mädchen so gerne sitzen würde.

Auch deshalb sollten wir Allergien weit mehr Interesse zuwenden, als das bisher üblich ist: Nirgendwo sonst kann man so deutlich auf seelische Probleme zurückschließen wie bei Allergien. Und klarer als sonst läßt sich dabei meistens auch der Hintergrund der seelischen Not erkennen.

Immer dann, wenn ein Schnupfen oder Husten nach drei Wochen nicht vorbei ist, aber auch, wenn es für die vermeintliche »Erkältung« keinen erkennbaren Hintergrund gibt, muß man an eine Allergie denken und versuchen, den Stoff einzukreisen, der als auslösender Faktor, als Allergen, in Frage kommen könnte.

Denken Sie aber immer auch daran, daß Allergien nicht etwa nur Schnupfen und Husten oder Hautausschläge wie etwa die Nesselsucht verursachen können. Selbst hinter unerklärlichen Aggressionen bei Kindern, hinter großer Müdigkeit oder Konzentrationsschwäche in der Schule kann eine Allergie stecken. Aus manchem kleinen Unruheteufel und vielen Schulversagern sind schon tüchtige, heitere, liebenswerte Kinder geworden, nachdem der Allergologe die Zusammenhänge erkannt und das verursachende Allergen ausgeschalten hatte.

Lassen Sie mich in diesem Zusammenhang noch auf zwei Dinge hinweisen, die Sie im Zusammenhang mit Allergien kennen sollten: Im Verdacht, Allergien bei Kindern zu verursachen, stehen vor allem manche Farbzusätze und Konservierungsmittel in Lebensmitteln, speziell in Schleckereien. Immer dann, wenn

Sie Anhaltspunkte dafür gefunden haben, gesundheitliche Störungen oder ein psychisches Fehlverhalten könnten auf eine Allergie verweisen, sollten Sie solche Schleckereien zuerst ins Visier nehmen und rigoros ausschalten.
Ich habe dieses Kapitel deshalb so eindringlich dargelegt, weil Allergien meiner Erfahrung nach zu den bedrohlichsten Gefahren für das Immunsystem gehören. Wenn der Körper gegen den Farbstoff in einer Speise Antikörper herstellt, weil er die chemische Substanz für eine große Gefährdung der Gesundheit hält – was sie vielleicht auch ist, ohne daß wir das bisher erkannt haben –, werden jedesmal, wenn das Immunsystem mit dem Farbstoff erneut konfrontiert wird, viele Millionen Immunkomplexe gebildet. Es ist für das Immunsystem keine leichte Aufgabe, sie wieder aus dem Blut zu schaffen. Rasch kommt es dabei zu einer massiven Überforderung der Immunfaktoren – oder, wenn diese Aufgabe durch zusätzliche Infektionen behindert wird, zu chronischen Erkrankungen. Wir dürfen deshalb Allergien speziell bei Kindern nicht länger als Bagatelle hinnehmen.
Noch wichtiger bei solchen Allergien ist aber die Einsicht, daß das Immunsystem des Kindes mit der falschen Reaktion einen deutlichen Fehler verrät. Es fehlt ihm zwar nicht an der Schlagkräftigkeit, wohl aber am »Wissen«: Die Immunfaktoren haben zumindest in einem Fall nicht erkannt, daß eine Substanz harmlos und ihr Einsatz somit sinnlos ist. Solche Fehler aber können verhängnisvoll werden und dürfen deshalb nicht geduldet werden. Möglicherweise übersehen die T-Lymphozyten zugleich die Gefährlichkeit eines Virus oder einer Krebszelle.

»Slow-virus-infections« bekämpfen

Wie bös die Folgen sein können, wenn ein Organismus ein Virus nicht entschlossen genug angeht oder gar übersieht, das wird uns bei der Betrachtung der bereits erwähnten »slow-virus-infections« deutlich. Den Begriff gibt es erst seit dem Jahre 1954. Seither sind immer mehr chronisch-degenerative Erkrankungen speziell des Zentralnervensystems als »slow-virus-infections« nachgewiesen worden. Dabei sind es offensichtlich gerade die scheinbar harmlosen Viren, die so schlimme Leiden wie etwa eine Panenzephalitis (SSPE) oder eine progressive Leukenzephalopathie (PML) auslösen. Die letzten Beweise fehlen noch, doch es darf schon heute als so gut wie gesichert gelten, daß auch weitverbreitete Krankheiten wie die Multiple Sklerose, die Parkinson-Erkrankung und die Alzheimer-Erkrankung von Viren verursacht werden. Im Verdacht stehen unter anderem Masernviren, Herpesviren, Rötelnviren, Varicella-Zoster-Viren, um nur einige zu nennen.

Ich habe keinen letzten Beweis dafür, doch ich bin mir aufgrund meiner Beobachtungen während vieler Jahrzehnte nahezu sicher: Ein Mensch, der seine Kinderkrankheiten wirklich durchgemacht hat – also nicht nur in der Schutzimpfung »am Rande« erlebt, sondern das Virus mit allen Kräften seines Immunsystems bekämpft hat –, ist gegen »slow-virus-infections« weit besser geschützt als ein anderer, der scheinbar niemals etwas mit Masern, Röteln, Windpocken und dergleichen zu tun hatte. Möglicherweise besitzt er gegen diese heimtückisch-verzögerten Zerstörungskrankheiten sogar eine gewisse Immunität. Meinen Beobachtungen zufolge ist noch nie jemand an der Gürtelrose *(Herpes zoster)* erkrankt, der als Kind die Windpocken als heftige Erkrankung durchgemacht hat.

Beim Varicella-Zoster-Virus, das beide Erkrankungen, die Windpocken und die Gürtelrose, verursacht, kennen wir die Zusammenhänge am besten: Wenn das Virus nicht entschieden genug angegriffen wird und dadurch die Chance bekommt, in bestimmte Nervenregionen vorzudringen, ist es dort erst einmal wie in einem Versteck vor den Immunfaktoren sicher. Es kann eine Belagerung über Jahrzehnte völlig unbeschädigt durchhalten. Es wartet auf seinen Zeitpunkt, den Moment eines deutlich geschwächten Immunsystems. Dann durchbricht es den Belagerungsring und wird wie auf ein Stichwort hin aktiv.

Die Gürtelrose ist zwar sehr schmerzhaft. Die Nervenschmerzen können noch über Monate fortdauern. Doch die Krankheit kann von unserem Immunsystem besiegt werden. Die Infektion bleibt auf das periphere Nervensystem beschränkt.
Ganz anders dagegen ist es bei den eigentlichen »slow-virus-infections«: Das Virus dringt in das zentrale Nervensystem vor. Dann kann man es in der Rückenmarkflüssigkeit unter Umständen sogar nachweisen. Im zentralen Nervensystem macht es sich an sein schleichendes Zerstörungswerk heran. Es treten zuerst kleinere Störungen auf, dann leichtere Lähmungserscheinungen, die bald immer schlimmer werden. Offensichtlich sind die Kräfte des Immunsystems unfähig, dieser fortschreitenden Zerstörung Einhalt zu gebieten.
Vielleicht wird man in absehbarer Zeit auch manche Krebs-Erkrankungen zu den »slow-virus-infections« zählen. Wenn ein Viruspartikel sich in die Genkette einer Körperzelle eingeschlichen und damit eine entartete Zelle geschaffen hat, dann ist damit offensichtlich noch längst keine bösartige Erkrankung gegeben. Auch in diesem Fall kann es Jahrzehnte dauern, ehe sich aus dieser Zelle ein Tumor gebildet hat. Wieder beginnt ein abgefeimtes Versteckspiel und das große Warten auf den Zeitpunkt, in dem das Immunsystem einer bösartigen Entfaltung nichts mehr entgegenzusetzen hat. Der Kampf gegen Viren hat also immer zwei Hauptaufgaben zu leisten: Zuerst muß – nämlich schon in der Kindheit – ein perfekt funktionierendes, hellwaches und »kluges« Immunsystem aufgebaut werden. Sodann gilt es, dieses Abwehrsystem in ständigem Training schlagkräftig und wachsam zu erhalten.
Seit vielen Jahren plädiere ich dafür, daß sich die Medizin in Zusammenarbeit mit den Krankenkassen verstärkt diesem Thema widmet: Kontrolle der Immunverfassung bei Schulkindern, kombiniert mit Maßnahmen zur Stabilisierung und Neuformierung des Immunsystems im Falle einer Störung, damit die Kinder problemlos den Jahren der Pubertät entgegensehen können. Ich hoffe zuversichtlich, daß auf diesem Gebiet schon in naher Zukunft Entscheidendes unternommen wird. Denn es gibt

keinen wirksameren und einfacheren Weg, der aus der Gesundheitsmisere unserer Tage herausführen könnte, als der Aufbau und das Training eines perfekt funktionierendes Immunsystems.

Immuntraining während der Pubertät

Liegt das Gesundheitsrisiko für Kinder in der geschilderten Sorglosigkeit, so beginnt ausgerechnet mit dem Augenblick der ersten großen Immunkrise, der Pubertät, die Zeit der schlimmsten »Sünden« am Immunsystem. Viele junge Menschen beginnen zu rauchen. Sie trinken Alkohol, schlafen zu wenig, vernachlässigen die gesunde Ernährung und stecken im Prüfungsstreß. Die ganze Umstellung, die das Hineinwachsen in die Erwachsenheit mit sich bringt, ist außerdem von viel Unsicherheit, von Ängsten, Zweifeln und mannigfachem Kummer geprägt. Alle diese falschen Verhaltensweisen und Bedrängnisse wirken sich negativ auf das bereits unterdrückte Immunsystem aus. Wenn gar zwei oder drei Punkte zusammentreffen, was offensichtlich nicht selten der Fall ist, gerät das Immunsystem in härteste Bedrängnis.

Es ist keine Prinzipienreiterei oder Unduldsamkeit, wenn Eltern alles tun, ihre Kinder vom Rauchen abzuhalten. Leider wirken sie statt dessen weithin als schlechtes Leitbild, weil sie selbst rauchen. Nach nichts sehnt sich ein Jugendlicher mehr als danach, erwachsen zu sein und für voll genommen zu werden. Die Zigarette mit ihrer verheerenden gesundheitlichen Auswirkung ist für viele zum Symbol der Volljährigkeit geworden. Tatsächlich gibt es aber keine andere Substanz, die so leicht das Abwehrsystem in unseren Luftwegen und Bronchien überlisten kann, wie das die feinsten Partikel im Zigarettenrauch tun. Während Staub, Krankheitserreger – auch Viren – im Schleim der Atemwege haften bleiben und energisch zur Nase hin wegtransportiert werden, dringen die Rauchpartikel bis zu den Lungenbläschen vor und verkleistern deren Wände. Es gehört dann zu den mühevollsten Aufgaben des Abwehrsystems, diese Membranen wieder freizulegen, damit das Blut durch sie hindurch mit dem Sauerstoff in Kontakt kommen kann. Nur zu oft ist das Immunsystem mit dieser Sisyphusarbeit überfordert, was dann nach Jahren, meistens erst nach Jahrzehnten, zum gefürchteten Bronchialkrebs (Lungenkrebs) führen kann. Er gehört noch immer zu den Krebsarten mit den schlechtesten Prognosen.

Rauchen hat aber noch eine zweite negative Auswirkung auf das Immunsystem: Durch das Nikotin werden die Muskeln der Blutgefäße gestrafft. Die Muskeln der feinsten Arteriolen und Kapillaren schließen sogar die Gefäße, so daß sich das Rauchen wie ein intensiver Kältereiz auf den Körper auswirkt. Das Blut kann nicht mehr durch die Außenbezirke der Haut zirkulieren, sondern wird im Körperinneren zurückgehalten. Damit können aber auch die weißen Blutkörperchen nicht mehr zur »Front« gelangen und müssen zulassen, daß Krankheitserreger dort ihr Zerstörungswerk beginnen. Ich meine, es wäre absolut notwendig, jungen Menschen in den letzten Schuljahren diese Zusammenhänge deutlich vor Augen zu führen. Denn es gibt keinen Zweifel daran: Was sich an gesundheitlichen Problemen in der Mitte des Lebens äußern wird, das hat nur allzu oft seinen Ursprung in der Lebensweise zwischen 16 und 25 Jahren.

Alkohol beeinträchtigt das Immunsystem durch seine entspannende, gefäßerweiternde Wirkung: Die rote Trinkernase ist das Ergebnis der übermäßigen Hautdurchblutung, bewirkt vom Alkohol. Er greift also ebenfalls in die temperaturregelnden Mechanismen des Blutkreislaufs ein – aber nicht gefäßverengend wie das Nikotin, sondern genau umgekehrt: gefäßerweiternd. Dabei kann das Blut unterkühlt werden, weil es nicht im warmen Körperinnern zurückgehalten wird, sondern in die kalte Haut fließt. Eine solche Unterkühlung kann nach einer durchzechten Winternacht zum Tod durch Erfrieren führen. Doch auch in weit weniger dramatischen Fällen ist durch den Eingriff in die Wärmeregulierung das Immunsystem betroffen. Die Unterkühlung legt sich drosselnd auf sämtliche Zellaktivitäten und Stoffwechselprozesse. Das wirkt wie eine Lähmung. Man könnte fast sagen: Das Leben läuft im Zeitlupentempo ab. Vor allem das Immunsystem ist geradezu lahmgelegt. Es versteht sich von selbst, daß das der große Moment für Krankheitserreger ist.

Zu wenig Schlaf und ungeregelte Schlafzeiten wirken sich ähnlich aus wie übermäßiger Streß und Überanstrengungen: Die Funktionen des Körpers sind auf »Notsituation« geschaltet – und bleiben es durchgehend. Die meisten vermeintlichen Erkältungen, daran kann es keinen Zweifel geben und man kann es nicht oft genug betonen, haben mit dem schlechten Wetter überhaupt nichts zu tun, sondern sind das Ergebnis von zu wenig Schlaf. Unsere Vorstellung, im Schlaf wären alle Funktionen des Körpers deutlich reduziert, gewissermaßen auf Sparflamme gesetzt, um sich so erholen zu können, ist nämlich gründlich falsch. Neben anderen Kräften werden die Immunfaktoren im Schlaf erst richtig aktiv. Fast könnte man sagen: Erst wenn wir schlafen, wird unser Immunsystem richtig wach. Der Schlaf ist für das Immunsystem nicht die Nacht-, sondern die Tagseite. Unser vegetatives Nervensystem ist nicht einfach auf Aufwecken und Beruhigen eingerichtet, sondern es besitzt zwei einander entgegengesetzte Teile, den Sympathikus und den Parasympathikus. Beide kurbeln zugeordnete Körperfunktionen an. Das Immunsystem ist vor allem vom Parasympathikus abhängig. Deshalb braucht es den Schlaf, in dem die vom Sympathikus aufgeweckten Funktionen ruhen.

Schlimm wirkt sich nun besonders das Zusammentreffen von übermäßigem Streß am Tag und fehlendem Schlaf in der Nacht aus: Im Streß wird das Immunsystem »abgeschaltet«. Der Körper bereitet sich in einer Art Panikreaktion auf eine vermeintlich lebensentscheidende Situation vor. Dabei spielt es nun wiederum wirklich keine Rolle, ob die Situation ernst ist oder nur für ernst gehalten wird. Wir haben es wieder mit einer der Reaktionen zu tun, in denen die Körperfunktionen dem vom Kopf her gegebenen Signalen blind folgen müssen. Weil die Not aber so groß zu sein scheint, kann bei allen »Aufrüstungsmaßnahmen« auf das Immunsystem keine Rücksicht genommen werden. Das Blut wird mit Kraftstoffen überschüttet, damit die Muskeln im Notfall optimale Leistung erbringen können. Es wird sogar enzymatisch

verändert. Bei einer möglichen Verletzung soll es schneller gerinnen.
Das alles wäre halb so schlimm, würden durch sportliche Betätigung hinterher solche Streßfolgen auf natürliche Weise abgebaut. Jede Muskelbewegung verbraucht Zucker und Fette. Das überladene Blut wird dabei regelrecht gereinigt.
Wenn aber gleichzeitig der erholsame Schlaf fehlt und auch nicht ausreichend Sport getrieben wird, kommt der Organismus niemals richtig dazu, die Folgen der übermäßigen Streßbelastung des Tages aufzuarbeiten. Der Körper ist dann gezwungen, das Blut von den unbenötigten Kraftstoffen zu befreien. Gegen den Zukker kann er das Insulin einsetzen. Die Fette muß er an die Gefäßwände kleistern. Auf diese Weise entsteht nach und nach die Arteriosklerose. Tatsächlich beobachten wir Ärzte mit wachsender Sorge, daß heute bereits 20jährige die Gefäße von alten Menschen besitzen. Schon 30jährige leiden unter fortgeschrittener Arteriosklerose mit dem Risiko, einen Infarkt oder einen Gehirnschlag zu erleiden.

Immuntraining – Versorgung mit Vitalstoffen

Ganz wesentlich trägt dazu auch die weithin falsche Ernährung junger Menschen bei. Die sogenannte »Fast-food-Generation« nimmt sich weder Zeit zum Essen, noch ist ihre Ernährung gesund. Im Stehen oder zwischen zwei dringenden Terminen wird in aller Eile etwas viel zu Fettes, zu Süßes, Wertloses hinuntergeschlungen. So kommt es – das zeigen neueste Untersuchungen –, daß die Versorgung unserer Jugend mit Vitalstoffen, nämlich Spurenelementen, Mineralstoffen, Vitaminen, Enzymen, Aminosäuren noch schlechter ist als bei Senioren.
Das Immunsystem braucht diese Vitalstoffe aber, weil es sich ohne diese »Hilfskräfte« nicht voll entfalten kann. In der Jugendzeit muß ein gezieltes Immuntraining gerade darin bestehen, dem Körper alle Kräfte und Substanzen zur Verfügung zu stellen, die

er zum eigenen Aufbau und zur Bewältigung seiner vielfältigen Aufgaben benötigt. Eine zusammenfassende Darstellung, wie diese Versorgung auszusehen hat, bot mein Kollege und Nachfolger als Chefarzt im Schwarzwald Sanatorium Obertal in seinem Buch *Vital Plus*. Ich darf mich deshalb hier auf ein Beispiel beschränken: die notwendige Enzymversorgung.

Alle biochemischen Prozesse in unserem Körper werden von Enzymen geleistet. Ohne sie wäre Leben nicht möglich. Sie machen viele Stoffwechselprozesse erst möglich, beschleunigen oder erleichtern andere. Wenn wir beispielsweise einen Schluck Milch trinken, dann muß unser Organismus sämtliche Bestandteile dieser Milch so lange zerlegen und umwandeln, bis auch das letzte Fetttröpfchen flüssig geworden ist und damit vom Blut aufgenommen werden kann. Ohne Enzyme könnten wir keinen einzigen Nahrungsstoff verwerten, auch den Sauerstoff nicht schnell genug aus der Atemluft lösen.

Enzyme aber – vor allem die eiweißspaltenden Enyzme, die proteolytischen – leisten zugleich unverzichtbare Aufräum- und Abwehraufgaben. Sie lösen Gift- und Schadstoffe auf, so daß sie aus dem Blut weggeschafft werden können. Sie tragen wesentlich dazu bei, daß die Immunkomplexe in transportable »Portionen« zerlegt werden. Und – das ist in unserem Fall besonders wichtig – sie berauben die Viren ihrer Eiweißschutzhülle und machen sie damit leichter angreifbar für die Immunfaktoren. Einzelheiten dazu finden Sie in meinem Buch *Die beste Waffe des Körpers: Enzyme*. Hier deshalb nur so viel in knapper Zusammenfassung: Enzyme befinden sich nur in »lebendiger« Nahrung. Alles, was gekocht, pasteurisiert, konserviert ist, ist immer enzymlos. Wer sich mit einer der wirksamsten Faktoren gegen Viren versorgen will, der muß also viel rohe, naturbelassene Nahrung zu sich nehmen. Frisches Obst, rohes Gemüse, naturbelassene Säfte aus Obst und Gemüse. Enzyme kann man sich heute auch in der Apotheke in Form von Dragees kaufen. Unser Körper stellt eine Fülle davon selbst her. Zu einem gezielten Immuntraining gehört deshalb, diese lebensnotwendigen Quellen, speziell die Bauchspeicheldrüse, in unverminderter Leistungsfähigkeit zu erhalten.

Unnötige Risiken vermeiden

Es klingt nicht populär, ich will es trotzdem aussprechen: Die Zeit der Jugend ist sicherlich nicht der richtige Augenblick, sich massiven Infektionen auszusetzen. Ich bin daher der Meinung, daß Jugendliche nicht unbedingt weite Reisen in exotische Länder unternehmen sollten. Das Risiko einer schweren Infektion ist für sie doppelt so groß. Wer warten kann, bis er die Pubertät hinter sich hat – der Gesundheit zuliebe – vermeidet unnötige Belastungen mit Spätfolgen. Auch mit Impfungen sollte man meiner Erfahrung nach in dieser Zeit zurückhaltend sein, speziell dann, wenn der Jugendliche gerade im Prüfungsstreß oder erschöpft durch andere Belastungen ist. Ich habe es Ende der 40er Jahre aus nächster Nähe miterlebt: In Südwestdeutschland war eine Kinderlähmungs-Epidemie ausgebrochen. In einer Familie mit sieben Kindern, die ihr Haus mit einer Offiziersfamilie der französischen Besatzungstruppen teilen mußte, hat die grausame Krankheit zuerst zugeschlagen. Zwei der französischen Kinder erkrankten kurz hintereinander und mußten sofort ins Krankenhaus eingeliefert werden. Alle sieben Kinder der deutschen Familie blieben völlig gesund, obwohl sie selbst am Tag des Ausbruchs der Krankheit noch mit den Franzosenkindern gespielt hatten. Ein Nachbarsjunge dagegen, der scheinbar ebenso gesund war, aber gerade im Abiturstreß stand, bekam mit 19 Jahren die Kinderlähmung und starb nach vier Tagen. Die beiden Kinder der französischen Offiziersfamilie wurden wieder völlig gesund, ohne daß die geringste Lähmung zurückgeblieben wäre. Das Beispiel zeigt die drei unterschiedlichen Verfassungen, in denen wir einem gefährlichen Virus begegnen können: Die zwei Franzosenkinder, vier und fünf Jahre alt, waren gesundheitlich nicht so stabil, daß ihr Immunsystem sofort mit den Poliomyelitis-Viren fertig geworden wäre. Doch ihr Organismus war stark genug, die Krankheit zu besiegen – obwohl damals noch kein Impfstoff gegen die spinale Kinderlähmung zur Verfügung stand. Die sieben Kinder der deutschen Familie, die so engen Kontakt mit den Infizierten hatten, haben mit Sicherheit die Viren abbekommen. Doch ihr

Immunsystem konnte sie so perfekt abwehren, daß nicht einmal das leiseste Krankheitsgefühl auftrat. Der junge Abiturient, der sich mit Zigaretten und Kaffee wach hielt, um für das Abitur zu büffeln, besaß ein so geschwächtes Abwehrsystem, daß er den Viren nichts entgegenzusetzen hatte. Die Infektion hatte ihn im denkbar ungünstigsten Moment heimgesucht.

Ich würde sehr jungen Frauen auch raten, nicht unbedingt vor dem 23. Lebensjahr Mutter zu werden. Die Doppelbelastung von ausklingender Pubertät und Schwangerschaft kann das Immunsystem ruinieren. In diesem Fall zeigen sich die bösen Folgen vielleicht nicht sofort, sondern erst nach Jahrzehnten.

Ein weiterer Rat an Jugendliche: Halten Sie Maß bei sportlicher Betätigung! Sport stärkt nicht automatisch das Immunsystem. Man weiß schon immer, daß Leistungssportler besonders infektanfällig sind. Überanstrengungen beim Sport, das geht eindeutig aus neuesten Untersuchungen hervor, schwächen das Immunsystem des Jugendlichen. Im harten Training sinken etwa die Werte der Gammaglobuline bis zu 70 Prozent unter die Normalwerte ab. Sie erholen sich zwar innerhalb von 24 Stunden wieder. Doch ein erneutes Training kann diese »Erholung« verhindern.

Ein Beispiel, wie heimtückisch sich Überanstrengungen im Sport in Verbindung mit Reisen in exotische Länder auswirken können, ist das Schicksal von Michael Westphal. Das deutsche Tennis-As, Mitglied der Daviscup-Mannschaft, verstarb im Juni 1991, erst 26 Jahre alt, an einer heimtückischen Virusinfektion, die er von einer Fernostreise mitgebracht hatte. Zwei Jahre lang hat sein Organismus gegen die heimtückische Krankheit gekämpft. Vergeblich. Schließlich war sein Kehlkopf zerstört. Schwerste Herz-Rhythmus-Störungen bereiteten seinem jungen Leben ein Ende.

Eigentlich sollte man meinen – das ist ein weit verbreiteter Irrtum –, ein so durchtrainierter junger Körper müßte gegen Infektionen besonders gefeit sein. Doch das ist eben nicht so. Das müssen wir speziell bei sehr jungen Sportlern immer wieder erleben. Bei dem Tennisspieler waren, wie bei so vielen anderen, die ein ähnliches Schicksal erleiden, drei Faktoren aufeinander-

getroffen: Am Ende der letzten Phase der Pubertät hatte sein Immunsystem keine Gelegenheit gefunden, sich wieder zu stabiliseren. Übermäßige körperliche Anstrengungen waren die eigentliche »Bremse«. Dazu kam dann die Begegnung mit unbekannten Krankheitserregern, denen das doppelt geschwächte Immunsysten nicht gewachsen war. Als sich Michael Westphal mit 24 Jahren im fremden Land infizierte, kamen die Versuche, sein Leben zu retten, zu spät.
Michael Westphal ist kein Einzelfall. Für viele Tausende endet alljährlich die Traumreise in exotische Länder mit der bösen Überraschung einer Virusinfektion. Nicht selten ist das Leben nicht mehr zu retten.
In unseren Tagen denkt man dann fast automatisch an AIDS. Viele unter uns sind geneigt, dem Infizierten einen zügellosen Lebenswandel anzuhängen und zu vermuten, er habe sich in zweifelhaften Kreisen bewegt und somit sein Leiden oder auch seinen Tod mutwillig selbst verschuldet. Das ist absolut töricht. Es gibt eben nicht nur AIDS als schlimme Folge einer Virusinfektion. Eine Vielzahl anderer schwerer Virusinfektionen bedroht unser Leben ebenso. Wir dürfen uns auch nicht in der falschen Sicherheit wiegen, nur an bestimmten Orten oder in gewissen Kreisen wäre eine Ansteckung möglich. Die Viren lauern überall. Und manche von ihnen sind vielleicht noch heimtückischer als das HIV-Virus.
Erinnern möchte ich hier nur an die sogenannte Creutzfeldt-Jakob-Krankheit. Der Breslauer Neurologe Hans-Gerhard Creutzfeldt und der Hamburger Neuropathologe Alfons Jakob haben diese gefährliche Infektion 1921 erstmals beschrieben. Erst 1975 entdeckten Wissenschaftler, daß es sich dabei um eine Slow-Virus-Erkrankung handelt. Der Erreger konnte bis heute nicht identifiziert werden. Man weiß nur soviel: Es muß sich um ein Virus handeln, das ähnlich wie das HIV-Virus völlig aus dem Rahmen fällt. Möglicherweise haben wir es auch mit einem Viroid oder einem Prion zu tun. Die Krankheit ähnelt der Scrapie bei Schafen und der Kuru-Infektion, die im Osten Neuguineas auftritt. Bei all diesen Krankheiten wird vor allem die Hirnrinde

vom Virus befallen und langsam zerstört. Anstelle der Nervenzellen bilden sich Narben und Wucherungen. Dadurch kommt es zu schwersten Nervenstörungen, Verkrampfungen, Lähmungen, Schüttellähmungen und zum rapiden geistigen Verfall.
Anstecken kann man sich mit der Creutzfeldt-Jakob-Krankheit nur durch Kontakt mit infiziertem Blut. Die Inkubationszeit liegt zwischen einem halben Jahr und drei Jahren. Die meisten Infizierten – es handelt sich immerhin um rund 10 000 Menschen alljährlich – sterben schon nach sieben Monaten, andere müssen bis zu zwei Jahre leiden. Eine unheimliche Viruserkrankung!
Ich habe sie hier vor allem deshalb erwähnt, weil ich dem weitverbreiteten Irrtum begegnen möchte, es gäbe nur eine einzige lebensbedrohende Virusinfektion, nämlich die mit HIV. Zugleich muß ich aber auch noch einmal deutlich darauf hinweisen, daß gerade sehr junge Menschen für Infektionen besonders anfällig sind.
Mit Sorge beobachte ich bei der Entwicklung im Sport, daß immer noch jüngere Menschen zu Höchstleistungen getrimmt werden. Wenn etwa im Turnen 18jährige Mädchen ihre Karriere und Wettkämpfe in sämtlichen Kontinenten unserer Erde bereits hinter sich haben, wenn Fußballer mit 17, 18 Jahren schon auf dem Sprung in die Nationalmannschaft sind und dem Höhepunkt einer Karriere zustreben, die knapp nach dem 30. Lebensjahr schon zu Ende sein wird, dann ist das, vom Blickpunkt des Immunologen gesehen, ein Verbrechen an der Gesundheit dieser jungen Menschen.
Es muß deshalb an Trainer und Lehrer dringend appelliert werden: Entwickeln Sie keinen falschen Ehrgeiz! Räumen Sie vor allem den Jugendlichen unter 20 Jahren viele Erholungspausen ein, sonst ruinieren Sie deren Gesundheit und haben bald nur noch kranke, infektanfällige Menschen vor sich, die dann auch die erwünschte Leistung nicht mehr erbringen können. Es wäre dringend an der Zeit, daß sich Sportverbände und -vereine noch intensiver, als das bisher der Fall ist, mit Immunexperten zusammensetzen und sich von diesen beraten lassen, wo die Belastungsgrenze bei jugendlichen Sportlern anzusetzen ist.

Wiederholt habe ich Verantwortlichen nicht nur der Sportszene, sondern auch Managern großer Unternehmen und Schulungskräften für Managerberufe die Frage gestellt: Warum eigentlich ist noch kaum jemand zur Einsicht gekommen, daß Leistungsfähigkeit im Beruf – sei es im körperlichen oder im geistigen Bereich – als wichtigste Voraussetzung eine stabile Gesundheit verlangt? Warum schult man junge Menschen in allen Bereichen, die Erfolg versprechen – angefangen vom technischen Know-how über Fragen eines modernen Managements bis hin zum sicheren Auftreten –, vergißt aber immer und überall, ihnen auch die Grundlagen der Leistungsfähigkeit beizubringen, nämlich das Wissen um eine gesunde Lebensweise, die Möglichkeiten einer Stabilisierung des Immunsystems? Warum werden bei Tagungen und Schulungen stets die Fragen der Gesundheit ausgeklammert, wo doch alle Leistungen stärker vom Wohlbefinden als von allen anderen Faktoren abhängig sind? Warum nimmt man in den Chefetagen unserer Unternehmen nicht zur Kenntnis, daß ein heiteres Betriebsklima die einfachste und wirksamste Form der Leistungssteigerung darstellt? Heitere Menschen sind gesunde Menschen; sie werden weit seltener fehlen als mißmutige. Das müßten eigentlich überzeugende Argumente sein, denen sich kein Unternehmer verschließen kann. Doch offensichtlich haben sie sich immer noch nicht in vernünftiger Weise herumgesprochen. Hier liegt ohne Zweifel eine der Ursachen für die ständige Zunahme der chronischen Leiden, die oft schon mit 40 Jahren offenkundig werden.

Man könnte weiterfragen: Warum nehmen sich die Krankenkassen nicht weit intensiver der Jugendlichen an, um deren Gesundheit zu retten und damit späteren und sehr teuren Leiden vorzubeugen? Um nur ein Beispiel zu nennen: Warum schickt man junge Menschen nach Abschluß der Schule nicht in einen Gesundheitsurlaub, in dem ihnen die wichtigsten Einsichten in eine gesunde Lebensweise nähergebracht werden? Wieviel Geld könnten sich die Krankenkassen mit solchen Maßnahmen ersparen! Müßte nicht auch die Industrie an einer solchen Einrichtung interessiert sein, die eine deutliche Leistungssteigerung garantiert?

Wieder habe ich die große Hoffnung, daß alle diese Fragen in

Kürze beantwortet werden. Denn nur damit können wir die drohende Gesundheitskatastrophe verhindern, vor der wir stehen. Wir alle müssen umdenken. Es reicht nicht aus, von gesunder Ernährung zu sprechen, die Zusammenhänge von Psyche und körperlicher Gesundheit zu klären. Es müssen praktikable Angebote an die jungen Menschen gemacht werden. Sie suchen ja danach und sind bereit, das wertvollste Gut, das sie besitzen, nämlich die Gesundheit, zu retten.

Immuntraining vor der Immunopause

Die schwierigste Gesundheitskrise sucht den Menschen oft schon in der Mitte seines Lebens heim – dann also, wenn er eigentlich auf der Höhe seiner Vitalität und Lebensfreude sein sollte. Vieles von dem, was in den letzten Jahren von Psychologen als »Midlifecrisis« beschrieben wurde, resultiert aus der Tatsache, daß der menschliche Organismus schon um das 40., 45. Lebensjahr leider in sehr vielen Fällen nicht mehr in der Lage ist, sich selbst zu helfen und Fehler der Lebensführung zu korrigieren. Das Immunsystem ist weitgehend erschöpft.

Das ist der Augenblick, in dem am häufigsten chronische Leiden offenbar werden, nämlich Allergien, Diabetes, Herz-Kreislauf-Beschwerden, Erkrankungen des rheumatischen Formenkreises, chronische Bronchitis – und auch Krebs. Nicht selten treffen sogar mehrere chronische Leiden zusammen, so daß der Arzt gar nicht weiß, welche Krankheit er zuerst angehen soll.

Dieser Augenblick ist deshalb so bedrohlich, weil wir vor einer völlig neuen Situation stehen: Bisher waren wir gewohnt, bei auftretenden Beschwerden und Krankheitshinweisen darauf zu warten, daß die gesundheitlichen Störungen nach einer gewissen Zeit von selbst wieder abklingen. Das haben wir in den zurückliegenden Jahren auch weidlich ausgenutzt. Nun plötzlich scheint das nicht mehr zu funktionieren. Die Leiden besitzen einen fortschreitenden, immer schlimmer werdenden Charakter, so daß jedes Warten auf die Besserung geradezu verhängnisvoll werden kann.

Der Hintergrund dieser »Wende« ist leicht einzusehen: Unser Immunsystem ist nach Jahrzehnten eines verantwortungslosen Mißbrauchs erschöpft, man könnte salopp ausgedrückt auch sagen, entgleist. Es haben sich in der Hektik der unentwegten Anforderungen Fehler eingeschlichen, so daß es nunmehr zu lasch, zu übereifrig oder gar völlig falsch reagiert. Jeder noch so kleine Fehler kann aber verheerende Folgen haben. Ich habe sie in anderem Zusammenhang schon geschildert:

Bei unentschlossenen, zu schwachen Antworten des Immunsystems auf eine ernsthafte Bedrohung kann es rasch dazu kommen, daß Viren oder auch Krebszellen nicht rechtzeitig oder ausreichend angegriffen, vielleicht sogar geduldet werden. Wie andere Krankheitserreger und Krebszellen vermögen sich aber Viren auf raffinierteste Weise zu kaschieren und zu verstecken. Sie haben Techniken entwickelt, die Abwehrkräfte zu täuschen. Wenn unser Immunsystem nicht perfekt funktioniert, werden die Krankheitserreger bei diesem bösen Spiel auch noch unterstützt: Haben sie sich an eine Gefäßwand festgesetzt haben, erkennen die Immunfaktoren beispielsweise die winzige Verletzung an dieser Stelle, aber nicht mehr die Virulenz des Eindringlings. Dann wird eine Fibrinhülle über die Viren gesponnen, so daß die Abwehrkräfte nur noch körpereigenes Gewebe, aber keinen Krankheitserreger identifizieren können. Unter der Fibrinschutzhülle können dann die Viren unbehindert ihr Zerstörungswerk in Gang setzen.

Übertriebene, überschießende Reaktionen auf eine vermeintliche oder echte Bedrohung führen zu besonders großen Immunkomplexen, weil sich mehrere Antikörper auf ein Antigen stürzen. Bei gesunden Reaktionen »weiß« das Immunsystem, daß Antikörper die zahlenmäßig doppelte Übermacht an Antigenen besiegen können. Ein Antikörper kann zwei Antigene an sich binden. Produziert der Körper jedoch mehr Antikörper, als wirklich nötig sind, um einen Angriff abzuwehren, dann »bakken« die mehrfach besetzten Antigene mit den Antikörpern zu Riesengebilden zusammen, die so leicht nicht abgebaut und aus dem Blut eliminiert werden können. Eine solche Fehlentwicklung ist aber oft der Anfang einer Autoaggressionskrankheit. Dazu gehören auch manche rheumatische Leiden. Wir müssen uns das klar machen, weil es für unsere Gesundheit so wichtig ist: Ein maßlos hektisch funktionierendes Immunsystem kann beinahe noch schlimmere Folgen nach sich ziehen als ein zu wenig aktives. Wer verantwortungsvoll mit seiner Gesundheit umgeht, darf sich deshalb nicht darauf beschränken, seine Immunkräfte zu stärken. Er muß sie so trainieren, daß sie in jedem Fall angemessen reagieren. Nicht zu stark, nicht zu schwach.

Schon gar nicht irgendwelcher Irritationen wegen falsch. In diesem Punkt gilt es vor allem, gewisse Sorglosigkeiten und Fehleinschätzungen abzubauen. Eine Allergie – ich habe mehrfach darauf hingewiesen – ist nicht einfach ein unbedeutender Fehler, sondern ein echtes Warnzeichen: In das »Wissen« unserer »Immunführungskräfte« hat sich ein Irrtum eingeschlichen. Harmlose Substanzen sind als gefährlich eingestuft worden und werden deshalb mit großem Aufwand angegriffen. Ein solcher Fehler kann aber nicht korrigiert werden, solange man ihn einfach hinnimmt. Es ist auch problematisch, das Immunsystem zu supprimieren, damit es nicht mehr so heftig auf das Allergen reagiert, oder es zu zwingen, die harmlose Substanz endlich zu dulden. Der Verzicht auf eine gewisse Substanz, die zum Allergen geworden ist, bringt zwar Erleichterung, aber keine Heilung. Die Korrektur kann nur erfolgen, indem das »Wissen« der Immunfaktoren ständig trainiert – oder, im Falle einer ernsthaften Schädigung, nachgeschult wird.

Mit dem Training darf man aber nicht auf den Augenblick warten, in dem deutliche Krankheitszeichen darauf hinweisen, daß unsere Immunfaktoren den Anforderungen nicht mehr gewachsen sind. Jeder moderne Mensch, wo immer er lebt, muß sich klarmachen, daß er schon ab dem 30. Lebensjahr auf die Immunopause zusteuert. Das wäre entsprechend der Zeitpunkt, verstärkt das Immuntraining aufzunehmen – mit den drei Säulen gesundheitsstärkender Maßnahmen: richtige Ernährung, die alles liefert, was der Körper zur Gesunderhaltung braucht; ausreichend Bewegung, die das Blut in Schwung hält und Streßfolgen abbaut – und viel Freude, die mit positiven Signalen das Immunsystem aktiviert und von übertriebener Hektik und von Angst und Resignation abhält.

Zu gesunder Ernährung gehört ganz wesentlich eine deutliche Einschränkung der Nahrung. Ab dem 25. Lebensjahr ist der Körper ausgewachsen und benötigt damit um ein Drittel weniger an Nahrungsstoffen. Wenn diese Einschränkung verpaßt wird, nützen später auch die radikalsten Diäten nur noch wenig, die meistens auch noch einseitig in ihrem Angebot sind. Die überflüssigen Pfunde, die dem Körper abgetrotzt werden, sind bald wieder vorhanden. Ein übergewichtiger und mit besonders schwierigen und umfangreichen Verdauungsarbeiten belasteter Körper stellt aber zusätzliche Anforderungen an das Immunsystem.

Zur gesunden Ernährung gehört aber auch ein vernünftiger Verzicht auf Genußgifte, die das Immunsystem belasten und sich als Räuber an Vitalstoffen betätigen.

Wie schwierig es geworden ist, mit einem »angeschlagenen« Immunsystem in der Phase der Immunopause zu leben, wenn die rechtzeitigen Immuntrainingsmaßnahmen versäumt wurden, das will ich kurz am Beispiel der Polyarthritis deutlich machen: Angenommen, Sie haben eine gewisse Gliedersteifigkeit in den Morgenstunden nach dem Aufstehen nicht ernst genommen und verspüren nun heftige Schmerzen in den Fingergelenken, dann werden Sie automatisch versuchen, die schmerzenden Glieder zu schonen, sie also möglichst wenig zu bewegen. Bald haben Sie auch erfahren, daß Wärme gut tut und die Schmerzen mildert. Beides ist in diesem Augenblick grundfalsch.

Aus dem Umgang mit Entzündungen in früheren Jahren wissen Sie, daß Wärme den Heilungsprozeß deutlich beschleunigen kann. Die in voller Aktivität vergrößerten Körperzellen werden dank der Wärme noch leistungsfähiger. Die Heilfaktoren werden spürbar verstärkt – so lange, bis die Krankheitserreger im Körper restlos vernichtet sind.

Diese Regel gilt nun aber nicht mehr. Denn bei der diesmaligen Entzündung geht es ja nicht darum, einen Krankheitserreger, einen Giftstoff oder sonst einen eingedrungen Fremdkörper zu vernichten. Die Entzündung richtet sich in diesem Fall gegen körpereigenes Gewebe. Wenn ich also mit Wärme die Zellaktivität erhöhe, dann beschleunige ich in diesem Fall den ablaufenden Zerstörungsprozeß. Das betroffene Gelenk wird noch rascher vernichtet, und die Entzündungen springen auf andere Glieder über.

Ähnliches geschieht, wenn ich versuche, das Immunsystem zu stärken. Es bedarf wohl in den meisten Fällen keiner Stärkung, denn es ist ja nicht schwach, sondern im Gegenteil übertrieben eifrig. Wenn ich es nun aber unterdrücke, damit es von seinem sinnlosen Angriff auf körpereigenes Gewebe abläßt, dann gebe ich Krankheitserregern die Chance, stark zu werden und die Abwehr zu überlaufen. Ich muß also verstärkt mit Infektionen rechnen – vielleicht sogar mit dem Aufflammen eines bösartigen Leidens.

Das ist die so schwierige Situation aller Versuche, einer Polyarthritis beizukommen: Der Arzt kann Cortisone verabreichen. Sie mildern die Schmerzen. Wenn Sie rechtzeitig in ausreichender Dosierung gleich zu Beginn eines rheumatischen Leidens eingesetzt werden, können sie darüber hinaus auch dazu beitragen, daß die Krankheit abgestoppt wird. In der Dauerbehandlung über Jahre verursachen sie aber, von der Schmerzlinderung abgesehen, mehr Schaden als Heil. Cortisone sind Hormone der Nebennierenrinde – somit Gegenspieler der Thymusfaktoren. Ihr massives Übergewicht unterdrückt also genau das, was wir in diesem Fall brauchen: die »Nachschulung« der Immunfaktoren. Denn diese sind ja, wenn sie das körpereigene Gewebe angreifen, vor allem irritiert, fehlgeleitet. Sie haben die Orientierung, ihr »Wissen« verloren, nicht unbedingt auch ihre Kraft.

Der Körper kann sich in diesem Fall nicht mehr selbst helfen. Es wäre verhängnisvoll, würde man auf die Besserung warten und nicht schon die ersten Anzeichen einer Erkrankung entschlossen angehen. Dazu gehören aber drei Maßnahmen: Nicht Wärme, sondern Kälte muß zur Schmerzlinderung eingesetzt werden. Sie drosselt auf natürliche Weise zugleich die Entzündung. Die schmerzenden Gelenke dürfen nicht geschont, sondern müssen bewegt werden, damit ihre Beweglichkeit nicht fortschreitend verloren geht und eine ausreichende Durchblutung aufrechterhalten bleibt. Schließlich muß das Immunsystem zu einem gesunden Funktionieren zurückgeführt werden. Wie das geschehen kann, das erfahren Sie im nachfolgenden Kapitel.

Das Beispiel Polyarthritis – ein Leiden, das auch schon Kinder heimsuchen kann und dann besonders bedrohlich ist – macht deutlich: Sobald wir Menschen es mit einem chronischen Leiden zu tun haben, stehen wir vor einer völlig neuen Gesundheitssituation. Wir müssen alles vergessen, was wir bisher im Umgang mit Krankheiten erfahren haben. Es gilt vor allem einzusehen, daß die Situation eingetreten ist, in der unser Körper nicht nur vorübergehend einer Immunsuppression unterworfen ist, sondern daß der Punkt erreicht ist, in dem er sich eines mangelhaft funktionierenden Immunsystems wegen selbst nicht mehr helfen kann.

In dieser Situation dürfen wir uns vor allem nicht täuschen lassen, wenn Infektionen scheinbar mühelos überwunden werden, weil wir keine deutlichen Krankheitssymptome mehr erleben. Um es noch einmal zu wiederholen, weil es doch so wichtig ist: Nicht die Viren lösen Entzündungen, Fieber, Kopfschmerzen und andere Krankheitszeichen aus, sondern das alles sind Hinweise für ein potentes Immunsystem. Ihr Ausbleiben ist also als Warnzeichen zu verstehen.

Das gilt für Männer und Frauen, die sich den Wechseljahren nähern, in gleicher Weise. Meiner Erfahrung nach setzt die Immunopause nicht gerade selten schon Jahre vor der Menopause ein. Bei beiden Pausen handelt es sich nicht um eine Zwischenphase, der später die Regeneration nachfolgen würde, sondern beide haben etwas Endgültiges an sich. Bei der Menopause versiegen nach und nach die Quellen der Sexualhormone. Ab der Immunopause sind die Immunkräfte ganz auf sich gestellt, weil eine »Nachschulung« nach der Verkümmerung der Thymusfaktoren nicht mehr möglich ist. Menopause und Immunopause aber hängen ganz direkt miteinander zusammen und verstärken sich gegenseitig. Wie dargelegt, sind Sexualhormone und Thymusfaktoren Gegenspieler, angewiesen auf ein Gleichgewicht. Deshalb ist es so wichtig, daß beide möglichst lange und in ausreichendem Maße im Körper zur Wirkung kommen können. Wenn die eine Seite verkümmert, wird die andere wohl alsbald nachziehen.

Habe ich jungen Menschen den Rat gegeben, nicht zu früh und unkontrolliert Sexualhormone anzuwenden, weil dadurch das sowieso schon supprimierte Immunsystem zusätzlich geknebelt wird, dann muß ich jetzt den Männern und Frauen vor der Immunopause raten: Sorgen Sie dafür, daß die Produktion von Sexualhormonen nicht vorzeitig eingestellt wird! Das gehört zu einem gesunden Immuntraining schon etwa ab dem 35. Lebensjahr: Ihr Körper muß erfahren, daß die Herstellung von Sexualhormonen nach wie vor nötig ist. Das heißt: Sie müssen in der Liebe abgerufen werden. Für den erwachsenen Menschen gilt: Nicht sexuelle Enthaltsamkeit stärkt das Immunsystem. Wenn dem so wäre, müßten Menschen nach der Menopause besonders abwehrstark sein, was keineswegs den Tatsachen entspricht. Die volle Lebendigkeit hält gesund. Das Gleichgewicht der Hormone.

Jede Drüse aber stellt ihre Tätigkeit ein, wenn ihr durch unser Verhalten signalisiert wird, daß sie nicht mehr benötigt wird. Auch in diesem Punkt spielen Seele und Körper ganz unmittelbar zusammen. Jung und abwehrstark bleibt, wer sich die Freude am Leben erhält. In diesem Punkt gilt es aufzuräumen mit dem alten Vorurteil, aktive Sexualität verkürze oder schwäche die Lebenskraft. Bei exzessiver Unbeherrschtheit mag das vielleicht stimmen. Auch birgt selbstverständlich ein zügelloser Partnerwechsel gerade im Hinblick auf Infektionen ein großes Gesundheitsrisiko. Beglückende, erfüllte Liebe dagegen, die frei ist von belastenden Aufregungen, hält jung und fit. Sie sorgt dafür, daß die Hormonquellen länger sprudeln – wobei eine Quelle auf die andere stimulierend wirkt.

Dieser Hinweis scheint mir im Hinblick auf eine wirksame Virenabwehr besonders wichtig. Zu viele unter uns, das beobachte ich immer wieder bei meinen Patienten, sehen mit kaum verborgener Angst der Zeit des Alterns, vor allem den Wechseljahren entgegen. Diese Angst, die damit verbundenen Verstimmungen oder gar Depressionen wirken sich aber sehr nachteilig auf das Immunsystem aus, das sich ja bereits in einer Krisensituation befindet. Wenn ausgerechnet in diesem Augenblick ein Mensch nun auch noch seinen Partner verliert, sei es, daß sich dieser einem anderen zugewandt hat, sei es durch Tod, dann kann diese Trennung, die als Lebenskatastrophe empfunden wird, schlagartig zum völligen Versiegen der Hormondrüsen führen – damit auch zu einem Zusammenbruch des Immunsystems. Oft zeigen sich dann schwerste Erkrankungen schon wenige Wochen nach dem Moment der bitteren Enttäuschung.

Manches reife Ehepaar lebt aber auch noch in der Vorstellung, die körperliche Liebe sei ein Privileg junger Menschen und nur noch peinlich, wenn ältere Menschen sie praktizieren. Auch das ist nicht nur falsch, sondern kann sich geradezu gesundheitsschädlich auswirken. Der Verzicht auf Liebe kann einer Resignation gleichkommen, die unser Körper als ein müdes Aufgeben empfindet. Inzwischen wissen wir, wie prompt er reagiert und abbaut, was nicht benötigt wird. Ich kann deshalb gerade ältere Menschen nur dazu aufmuntern: Hören Sie niemals auf zu leben! Schenken Sie sich gegenseitig Zuneigung und viel Zärtlichkeit. Es gibt kein besseres Heilmittel als die Liebe! Sie ist aber an kein bestimmtes, begrenztes Lebensalter gebunden.

6

So können Sie Ihr Immunsystem wieder aufrichten

Es ist äußerst wichtig, noch vor der Immunopause etwas zur Regeneration des Immunsystems zu unternehmen, damit diese Erschöpfungspause möglichst weit in ein späteres Lebensalter hinausgeschoben werden kann. Gerontologen, Wissenschaftler, die sich speziell mit den Zusammenhängen des Alterns befassen, sind heute übereinstimmend der Meinung: Wenn es gelänge, diesen Bruch in der Abwehrsituation des menschlichen Organismus in der Lebensmitte auch nur um zehn, zwanzig Jahre hinauszuschieben, würden chronische Leiden keine bedeutsame Rolle mehr spielen. Der international angesehene Arzt und Wissenschaftler Professor Dr. Roy L. Walford von der Universität von Kalifornien hat es so formuliert: »Wollte man die durchschnittliche Lebenserwartung des Menschen wesentlich verlängern – und zwar ohne daß die letzten Jahrzehnte von Hinfälligkeit und Siechtum geprägt sind –, so könnte das nur mit Maßnahmen geschehen, die in der Mitte des Lebens einsetzen, nicht an dessen Ende. Wenn es gelänge, den Eintritt der typischen Altersleiden Krebs, Koronarsklerose, Apoplexie (Hirnschlag) und senile Demenz durchschnittlich nur um 15 oder 20 Jahre zu verzögern, so wäre das für die Altersgruppe der 60jährigen zumindest im Effekt

gleichbedeutend mit einer Heilung von diesen Krankheiten.«
Genau darum geht es. Zu den Fehleinschätzungen in den Jahren rund um die Immunopause gehört der weitverbreitete Irrtum, gesundheitlich besonders stabil zu sein, weil die heftigen Krankheitsreaktionen bei Infektionen ausbleiben.
Ich will dazu ein typisches Beispiel anführen, gerade deshalb, weil es keineswegs einen Einzelfall darstellt, sondern weil ganz ähnliche Fälle jedem Arzt beinahe schon täglich begegnen: Frau Liesl K., die Frau eines Stuttgarter Industriellen, selbst als Rechtsanwältin tätig, kam vor Jahren zu uns in das Schwarzwald Sanatorium Obertal. Sie fühlte sich nicht direkt krank, aber unerklärlich müde und lustlos. Ihr Mann hatte sie geschickt, weil er meinte: »Du bist völlig überarbeitet. Es ist höchste Zeit, daß du etwas für deine Gesundheit tust. Irgend etwas kann damit nicht mehr stimmen. Dein Lachen ist verstummt. Du kannst dich für nichts mehr richtig begeistern. In diesem Jahr machen wir keine anstrengende Urlaubsreise, sondern einen Urlaub für die Gesundheit. Wir lassen uns gründlich durchchecken.«
»Ich kann das alles nicht verstehen«, meinte Frau K., als sie mir gegenübersaß. »Ich bin erst 43 Jahre alt, noch kein Anzeichen für die Wechseljahre. An meine letzte Krankheit kann ich mich kaum mehr erinnern, so weit liegt sie zurück. Ja früher, da lag ich in jedem Jahr zwei-, dreimal im Bett mit einer heftigen Angina. Doch das gehört der Vergangenheit an. In den letzten Jahren hatte ich höchstens einmal einen heftigen Schnupfen oder ein Kratzen im Hals. Ist das denn nicht ein Zeichen dafür, daß ich besonders gesund bin? Nur: Eigentlich müßte ich mich wohler fühlen. Die Kinder sind aus dem Haus. Mein Beruf macht mir Spaß. Ich bin erfolgreich. Warum nur fühle ich mich so ausgebrannt?«
Wie sich bei den anschließenden Untersuchungen herausstellte, war Frau K. nach allgemeinem Verständnis nicht unbedingt krank. Sie besaß einen etwas zu niedrigen Blutdruck und eine leichte Blutarmut, bedingt durch Eisenmangel. Doch davon abgesehen, waren alle Werte in etwa normal. Organisch war Frau K. gesund.

Mit der Hypotonie und der Anämie hätte man Antriebsschwäche und Müdigkeit zumindest teilweise erklären können. Doch ich war hellhörig geworden durch Frau K.s Bemerkung über ihre angebliche gesundheitliche Stabilität. Ich hatte außerdem beobachtet, daß sich auf den Handrücken von Frau K. Warzen befanden und sich bereits erste Altersflecken bildeten. Und deshalb forschte ich weiter und befaßte mich mit einer gründlichen Analyse des Immunstatus. Dabei stellte sich dann wie erwartet heraus, daß sich das Immunsystem von Frau K. in einem bedenklichen Zustand befand. Das Verhältnis von T-Helferzellen und T-Supressoren beispielsweise war in auffallender Weise zugunsten der Supressoren verschoben. Einfach ausgedrückt: Das komplette Immunsystem dieser Frau war »auf Sparflamme« geschaltet. Alle Reaktionen auf Infektionen verliefen gedrosselt. Der Körper konnte sich nicht mehr zur großen Mobilmachung gegen einen viralen oder bakteriellen Angriff aufraffen. Es gab keine deutlichen Entzündungen, kein Fieber, kein Krankheitsgefühl mehr. Der einzige Hinweis auf eine Unstimmigkeit war die Müdigkeit. Die Gesundheit war also vorgetäuscht. Und die Täuschung besaß einen überaus heimtückischen Charakter. Wäre Frau K. nicht eben noch rechtzeitig gekommen, um ihren Gesundheitszustand gründlich überprüfen zu lassen und etwas zu tun, um die echte, mit Wohlbefinden verbundene Gesundheit zurückzugewinnen, wäre ihr ein schlimmes Leiden wohl kaum erspart geblieben.

Leider versäumen heute die meisten Menschen in der Mitte ihres Lebens diesen richtigen Zeitpunkt. Sie kommen zu spät. Und dann wird es meistens sehr schwierig, das bereits eingetretene Leiden zu kurieren.

Ich will deshalb noch einmal mit aller Deutlichkeit darauf verweisen: Die vermeintliche Immunität gegen Infektionskrankheiten nach dem 35. Lebensjahr ist tückisch. Niemand darf sich einbilden, seine Gesundheit habe sich schlagartig so gefestigt, daß Krankheitserreger keine Chance mehr besäßen. Nicht die Krankheitserreger lösen Schnupfen, Husten, Fieber, Schwellungen, Hals-, Kopf- und Gliederschmerzen aus, sondern alle diese

Krankheitszeichen sind die deutlichen Antworten des Immunsystems auf eine Infektion. Solche Antworten, mögen sie auch unangenehm oder gar schmerzlich sein, sollten uns willkommen sein. Nicht sie brauchen wir zu fürchten – sondern ihr Ausbleiben. Wir dürfen die akute Erkrankung, die gesunde Reaktion unseres Körpers auf einen Angriff nicht unterdrücken, sondern wir müssen dafür sorgen, daß die Immunkräfte ihre Arbeit ungehindert verrichten können. Das ist die einzig richtige Einstellung Infektionen gegenüber – und die wirksamste Vorbeugung gegen chronische Leiden.

Immuntherapien mit natürlichen Mitteln und Methoden

Tatsächlich sollten wir mit einem gezielten und intensiven Immuntraining alles tun, den Augenblick der Immunopause hinauszuzögern, den Zustand der Antwortlosigkeit des Immunsystems in der Immunopause zu verhindern oder zumindest weitgehend abzumildern. Damit können wir uns nicht nur die Leistungsfähigkeit und das Wohlbefinden erhalten, sondern auch vor den eigentlich schlimmen Krankheiten, den oft so schmerzhaften, langwierigen, lebensverkürzenden chronischen Leiden schützen.
Spätestens dann aber, wenn wir merken, daß unser Körper nicht mehr in der Lage ist, sich kraftvoll gegen Bakterien und Viren zur Wehr zu setzen, wenn wir also plötzlich keine Grippe mehr bekommen, keine Angina, keine Erkältungen, müssen wir alarmiert sein: In diesem Augenblick ist für unsere Gesundheit ganz große Gefahr im Verzug. Es muß schleunigst etwas geschehen, damit das Immunsystem wieder in die Lage versetzt wird, auf Infekte zu antworten – und zwar auf richtige, angemessene Weise.
Die Möglichkeiten, ein geschwächtes, unterdrücktes, irritiertes oder auch erschöpftes Immunsystem dahin zu bringen, daß es alle seine vielfältigen Funktionen wieder zügig und perfekt erfüllt, sind noch so neu, daß sie sich noch längst nicht herumgesprochen

haben und von manchen auch immer noch mit Skepsis betrachtet werden. Es ist eben nicht ganz einfach, die jahrhundertealte Vorstellung der »Vernichtungsmedizin« aufzugeben und sich einer Heilkunst zuzuwenden, die darauf ausgerichtet ist, den Körper in die Lage zu versetzen, sich wieder selbst zu helfen. Der Umdenkungsprozeß braucht seine Zeit – auch und nicht zuletzt bei Patienten, die von ihrem Arzt die schnelle Hilfe erwarten. Erst die noch so jungen Einsichten in die wunderbaren Fähigkeiten unseres Immunsystems, die längst noch nicht vollständig sind, haben die neuen Wege geebnet.

Tatsache ist – das kann man heute eindeutig belegen: Speziell bei viralen Infektionen läßt sich immer eine zeitweise, gelegentlich sogar eine chronische Immunsuppression nachweisen. Bei der Gürtelrose *(Herpes zoster)* beispielsweise sind die T-Supressorzellen übermäßig aktiviert und zugleich Funktionsstörungen bei den Makrophagen gegeben. Die energische Gegenwehr wird also abgeblockt und unterdrückt.

Wenn das aber so ist, könnte doch eine Vernichtung der Viren mit einem entsprechenden Mittel – selbst wenn sie möglich wäre – auf Dauer gesehen wenig nützen. Eine neue Infektion würde alsbald wieder Fuß fassen. Und jede Infektion könnte, wie dargelegt, Schlimmeres nach sich ziehen. Anders gesagt: Selbst wenn es heute gelänge, Virenvernichtungsmittel zu finden, wäre damit das Problem Virus nicht aus der Welt geschafft. Viren sind keine Bakterien. Sie sind weit gefährlicher.

Es gibt deshalb logischerweise nur eine Möglichkeit, Viren beizukommen: Es muß ein Weg gefunden werden, die Fehler im Immunsystem zu verhindern – oder, wenn das versäumt wurde, sie zu korrigieren. In diesem Punkt sind sich die Immunologen heute weitgehend einig. Strittig ist nur noch die Frage, ob solche Korrekturen überhaupt möglich sind – und welche Methoden sich gegebenfalls am wirksamsten anwenden lassen.

Der Ansatzpunkt bei der Suche nach Korrekturen der Immunantworten konnte nur jene Drüse sein, die als »Schulungsorgan« der Immunführungskräfte erkannt wurde, die Thymusdrüse. Schon vor Jahren wurde offenkundig: Die gesunde Funktion dieser

Drüse ist in den ersten Augenblicken nach der Geburt lebensnotwendig. Wenn sie fehlt, kann der Organismus kein schlagkräftiges Immunsystem aufbauen. Er bleibt jedem scheinbar noch so harmlosen Krankheitserreger gegenüber schutzlos. Interessanterweise können aber schon wenige Wochen einer gesund funktionierenden Thymusdrüse ausreichen, das Immunsystem so weit zu festigen, daß ein Mensch fortan ohne Thymusdrüse gesund leben könnte. Die Thymusdrüse scheint überflüssig geworden zu sein.

Diese Tatsache läßt sich einfach erklären: Wenn T-Lymphozyten die notwendigen Informationen in der »Schule« mitbekommen haben, brauchen sie die Schule nicht mehr. Sie besitzen das »Wissen« und geben es bei jeder Teilung genauso weiter, wie sie es erfahren haben.

Allerdings: Solche Teilungen zur Vervielfältigung der T-Lymphozyten erfolgen täglich milliardenfach. Das Risiko, daß irgendwann doch ein Fehler unterläuft, wird um so größer, je hektischer die Teilungen infolge stets neuer Anforderungen vor sich gehen müssen. Wird ein T-Lymphozyt durch radioaktive Strahlung oder durch Virenbefall in seiner Grundstruktur verändert und vervielfältigt er sich weiterhin mit der entstandenen Schädigung, dann existiert der Fehler bald milliardenfach und wird auch noch an andere weiße Blutkörperchen weitergegeben. Der Fehler ist nicht mehr zu korrigieren – es sei denn, gesunde T-Lymphozyten erkennen rechtzeitig die Entartung ihrer Mitstreiter und vernichten sie. Wenn in dieser prekären Situation aber keine »Schule« mehr existiert: Woher sollen dann noch neue T-Lymphozyten kommen, die das notwendige »Wissen« ungeschmälert und unverfälscht besitzen?

Immuntherapie mit Thymusfaktoren

Solche Grundüberlegungen führten zur Immuntherapie mit Thymusfaktoren, die heute weltweit mit unübersehbaren Erfolgen praktiziert wird. Wenn in einem Organismus die Thymusdrüse so weit verkümmert ist, daß sie als Schulungsorgan nicht mehr in Frage kommt, dann, so sagten sich die Wissenschaftler, müßte es doch möglich sein, dem Körper jene Faktoren zuzuführen, die eine funktionstüchtige Thymusdrüse besitzt.

Daß dies möglich ist, hat der Immunexperte Professor Ivan Roitt in einem eindrucksvollen Tierexperiment schon Anfang der 80er Jahre nachgewiesen: Der Wissenschaftler setzte Mäuse starken Röntgenstrahlen aus und beobachtete dann, daß deren Lymphozyten damit die Fähigkeit verloren, sich zu teilen. Das Immunsystem der Tiere brach völlig zusammen. Nun injizierte er den Versuchstieren junge Knochenmarkzellen. Tatsächlich schienen sie sich zu erholen. Die Zahl der Lymphozyten war bald wieder völlig normal. Nur: Diese Lymphozyten besaßen kein »Wissen«. Sie erkannten Krankheitserreger nicht, begannen statt dessen, die eigenen roten Blutkörperchen anzugreifen.

Doch nun kam das Sensationelle an diesem Experiment: Professor Roitt gelang es, die fehlende »Schulung« nachzuholen. Er gab den immungeschwächten Tieren einen Thymusextrakt. Und daraufhin funktionierte deren Immunsystem wieder korrekt. Der Wissenschaftler konnte sogar nachweisen: »Selbst die Defekte, die durch die Entfernung der Thymusdrüse bei neugeborenen Versuchstieren hervorgerufen werden, lassen sich durch lösliche Thymusextrakte rückgängig machen.«

Das ist die bahnbrechende Erkenntnis – eine der wichtigsten der letzten Jahrzehnte in der Medizin: Fehler, Irritationen des Immunsystems lassen sich korrigieren, indem man dem Organismus die fehlenden Faktoren der Thymusdrüse zuführt.

Im Grunde ist es beim Immunsystem nicht viel anders als beim Zuckerstoffwechsel: Wenn die Bauchspeicheldrüse nach einer schädigenden Virusinfektion oder nach ihrer Erschöpfung durch ständige Überforderung im Alter kein Insulin mehr zu liefern vermag, kann man das fehlende Hormon dem Körper mit Injektionen zusetzen. Dann funktioniert der Zuckerstoffwechsel wieder. Der Unterschied zwischen den Inselzellen der Bauchspeicheldrüse und der Thymusdrüse liegt nur darin, daß das Zentralorgan des Immunsystems nicht etwa nur ein einziges Hormon produziert, sondern eine Vielzahl von Thymosinen, Peptiden und Enzymen. Einige der Hormone, etwa das Thymosin I, konnte man mittlerweile isolieren und gezielt einsetzen.

So viel scheint heute sicher zu sein: Jedes Thymushormon besitzt eine ganz spezielle Aufgabe beim Aufbau des Immunsystems. Wahrscheinlich brauchen aber alle Hormone einander und zusätzlich die in der Thymusdrüse vorhandenden übrigen Kräfte, um sich gegenseitig in ihrer Wirksamkeit zu verstärken. Die Forschungen auf diesem Gebiet laufen auf Hochtouren. Vielleicht besitzen wir in Kürze einzelne Thymusfaktoren oder Faktorenkombinationen, um ganz gezielt ein geschwächtes Immunsystem anzuregen, um überschießende Reaktionen zu dämpfen, um Irritationen zu korrigieren. Jedenfalls laufen die Forschungsarbeiten in diese Richtung. Erste Erfolge sind sehr ermutigend.

Wir Ärzte des Schwarzwald Sanatoriums Obertal haben, aufbauend auf den Erfahrungen des schwedischen Thymusforschers Dr. Elis Sandberg, aus seinem Thymusgesamtextrakt THX das immunaktive Präparat Thymosand entwickelt und in den zurückliegenden 16 Jahren weit über eine Million Thymosand-Injektionen mit zahllosen überzeugenden Behandlungserfolgen verabreicht. Die biologischen Wirkstoffe von Thymosand sind der Substanzklasse der *Biological Response Modifier* (BRM) zuzurechnen, was gleichbedeutend ist mit Bioregulatoren. Für die klinische Anwendung stellen wir Thymosand aus dem Kalbsthymus-Gesamtextrakt in einem Speziallabor nach einem besonderen proteintechnologischen Verfahren her – und zwar streng nach pharmazeutischen und arzneimittelrechtlichen Vorschriften. Unser Produktionsverfahren gewährleistet die Reinheit des Präparates. Es enthält keine Zusätze für eine Haltbarmachung; und es ist standardisiert, was für die Anwendung besonders wichtig ist. Jede Injektion enthält also die gleiche Menge der kompletten Thymusfaktoren. Damit besitzen wir ein gereinigtes und naturidentisches Immunpharmakon, das tatsächlich in der Lage ist, das Immunsystem zu regulieren, man könnte direkt sagen, neu zu formieren.

Aus meiner langjährigen Erfahrung mit Thymosand kann ich versichern, daß das Präparat neben vielen anderen Anwendungsgebieten, wie beispielsweise in der Krebsnachsorge, speziell bei Virusinfektionen und deren Folgen sehr oft weit bessere Ergebnisse erzielt, als jede andere Therapie. Mit Thymosand läßt sich das Fehlverhalten der Immunfaktoren bei Allergien korrigieren. Das Thymuspräparat ist erfolgreich bei chronischer Bronchitis, bei allgemeiner Infektanfälligkeit, bei Rheuma und vielen anderen Leiden.

Das scheint mir der einzig richtige Weg im Kampf gegen die Viren zu sein: Wir brauchen kein »Heilmittel« gegen Viren. Wir müssen unser Augenmerk darauf richten, das Immunsystem funktionstüchtig zu erhalten – oder seine Funktionstüchtigkeit wiederherzustellen. Das heißt aber vor allem: Wir müssen dahin kommen, daß es für den verantwortungsbewußten modernen Menschen zur Regel wird, sich schon ab dem 30. Lebensjahr Zeit zu nehmen für eine Regulierung seines Immunsystems. Es muß selbstverständlich werden, daß man in diesen Jahren seinen Immunstatus gründlich überprüfen läßt, um dann gegebenenfalls mit einem regulierenden biologischen Präparat wie Thymosand ein gesundes Funktionieren der Immunfaktoren zurückzugewinnen. Es wäre geradezu leichtfertig, wollte man diese Chance, seine Gesundheit zu retten, nicht wahrnehmen.

Eine solche Maßnahme ist um so wichtiger, je anfälliger man geworden ist gegenüber banalen Infektionen, je deutlicher ein Leistungsknick und eine Beeinträchtigung des Wohlbefindens verspürt werden. Geradezu unerläßlich wird sie aber vor Reisen in exotische, ferne Länder, nach massiven Antibiotikabehandlungen – oder gar nach Krebstherapien: immer dann also, wenn der begründete Verdacht besteht, daß das Immunsystem nicht mehr unbehindert, ungestört funktioniert, wenn es künstlich »geknebelt« werden mußte oder wenn eine besonders starke Belastung bevorsteht.

Das läßt sich allerdings nicht so nebenbei zwischen drängenden Terminen erledigen. Man muß schon einen Urlaub einplanen, der allein der Wiederherstellung der vollen Gesundheit dient.
Im Immun-Trainings-Center Obertal hat sich aufgrund jahrzehntelanger Erfahrung folgendes Immuntherapieschema als besonders wirksam herausgestellt: Wer sein Immunsystem regulieren möchte, der findet sich für 14–21 Tage bei uns ein. Nach einem gründlichen Checkup mit allen notwendigen ärztlichen Untersuchungen und labortechnischen Tests wird die Therapie festgelegt. Wir verabreichen dann in der Regel in der ersten Behandlungphase zwischen 15 und 20 intramuskuläre Thymosand-Injektionen in genau angepaßter Dosierung von ein bis fünf Milliliter. Der Patient bekommt also täglich eine Spritze, deren Dosierung von seinem Körpergewicht und seinem Gesundheitszustand abhängt.
Wird diese erste Regulierung sehr frühzeitig vorgenommen, mag das im einen oder anderen Fall ausreichen, einen stabilen und perfekt funktionierenden Immunstatus für Jahre zurückzugewinnen. Doch ist es bei dieser Substitution wiederum ähnlich wie bei der Insulinverabreichung: Bei Diabetes kann es selbst nicht genügen, sich einmal eine Spritze geben zu lassen, um dann wieder einen geregelten Zuckerstoffwechsel zu besitzen. Bei fortgeschrittenem oder totalem Ausfall der Insulinproduktion muß das Insulin regelmäßig injiziert werden. Auch bei der Verabreichung von Thymusfaktoren kann es in aller Regel nicht ausreichen, einmal für 14 Tage in ein Sanatorium zu gehen, sich dort eine Reihe von Injektionen geben zu lassen, um fortan für den Rest des Lebens über ein intaktes Immunsystem zu verfügen. Speziell bei bereits chronisch gewordenen Leiden reicht eine erste Grundbehandlung nur für eine gewisse Zeit aus, dann muß sie wiederholt werden. Wir in Obertal empfehlen deshalb eine »Auffrischung« in halbjährlichem Intervall mit jeweils fünf bis zehn Thymosand-Injektionen. Ich selbst lasse mich konsequent alle sechs Monate mit Thymosand behandeln.

Heilfasten – die älteste Methode zur Stärkung des Immunsystems

Neben der Immuntherapie mit Thymusfaktoren gibt es eine ganze Reihe weiterer biologisch-natürlicher Therapien, die einzeln oder in Kombination mit anderen zur Festigung und Modulation des Immunsystems eingesetzt werden können. Ganz im Sinne einer modernen Heilkunst besitzen alle diese Methoden den Vorteil, gegen einen ausgemachten Feind nicht aggressiv mit »Massenvernichtungsmitteln« vorzugehen – ohne Rücksicht darauf, daß zugleich im Körper erheblicher Schaden angerichtet werden könnte. Sie versuchen nicht, von außen künstlich zu heilen, sondern wollen dem Organismus helfen, die einzige wahre Heilung, nämlich die von innen, zu erzielen.

Die älteste Heilmethode – wenn man so will zugleich die natürlichste überhaupt – ist das Heilfasten. Wer ein Haustier besitzt, der weiß darum: Sobald der Hund, die Katze oder der Kanarienvogel sich unwohl fühlen, verweigern sie die Nahrung. Das Tier verkriecht sich in eine stille Ecke und frißt so lange nicht mehr, bis es sich wieder besser fühlt. Instinktiv entlastet es damit den Körper von den zusätzlichen Belastungen der Ernährung, damit sich das Immunsystem möglichst unbehindert entfalten kann.

Unter Heilfasten versteht man den völligen Verzicht auf jegliche Ernährung unter ärztlicher Kontrolle. Der Fastende bekommt während wenigstens 14 Tagen nichts anderes als Mineralwasser, Fruchtsäfte, Tee, Gemüsebrühe und Vitalstoffe (Vitamine, Spurenelemente, Mineralien) – gegebenenfalls etwas Eiweiß in Form von Magerquark. Selbstverständlich kann der Organismus nicht ohne Nahrung auskommen, auch nicht für wenige Tage. Doch wenn er überhaupt keine Aufbau- und Kraftstoffe mehr erhält, weiß er sich zu helfen: Er räumt im Körper auf. Dort findet er ausreichend »Halden«, Ablagerungen, versteckte Vorräte – keineswegs nur Fette und Zuckerreserven, sondern, was viel wichtiger ist in diesem Fall, Rückstände, die sowieso nur eine erhebliche Belastung darstellen. Erfahrungsgemäß funktioniert diese

Aufräumarbeit nicht so perfekt, solange die Nahrung nur reduziert wird. Im Grunde braucht der Körper nämlich sehr viel weniger, als wir uns normalerweise vorstellen. Selbst eine 1000-Kalorien-Diät kann zur Ernährung völlig ausreichen, ohne daß der Körper auf die überflüssigen Rückstände zurückgreifen müßte. Das Heilfasten stellt also letztlich keinen vollständigen Nahrungsentzug dar. Die Ernährung wird nur »auf Reserve« umgestellt.

Das ist aber genau der Effekt, der mit dem Fasten erzielt werden soll. Es geht in erster Linie nicht um den Abbau überflüssiger Pfunde – das ist nur eine durchaus erwünschte Nebenwirkung. Es geht darum, Schädliches, Krankhaftes, Belastendes loszuwerden. Deshalb dürfen und sollen auch jene fasten, die kein Übergewicht haben. Selbst ältere Menschen, die noch rüstig sind, dürfen diese Therapie anwenden. Der Körper »verzehrt« Ablagerungen in den Gefäßen so gründlich, daß er diese selbst aus dem Gewebe herausholt, in das sie hineingewachsen sind. Wir Fastenärzte sprechen deshalb mit Recht von der »Operation ohne Skalpell«. Durch die so blank »geputzten« Gefäße kann das Blut wieder ungehindert fließen. Die Gefäßwände selbst werden wieder elastischer. Man kann ohne Zweifel von einer biologischen Verjüngung sprechen.

Neben den Ablagerungen werden aber auch versteckte Eiterherde abgebaut und in Nahrung verwandelt. Nicht zuletzt stellen Immunkomplexe eine willkommene Ernährungsquelle dar.

Das ist aber wohl der wichtigste, bisher weithin übersehene Effekt des Heilfastens: Das stark entlastete Immunsystem kann endlich die Aufgaben erledigen, die sonst immer scheinbar wichtigerer Aufgaben wegen hinausgeschoben werden müssen. Das Immunsystem wird im Verdauungsapparat nicht pausenlos mit fremden Stoffen konfrontiert, sondern findet endlich Zeit, die »Schlachtfelder« früherer Auseinandersetzungen mit Krankheitserregern aufzuräumen, die sich ja so folgenschwer auswirken können. Wir erleben beim Heilfasten nicht häufig, daß Fastende plötzlich wieder ohne Brille lesen können, daß sie wieder besser hören. Wir können darüber hinaus auch nachweisen, daß sie hinterher gesundheitlich wesentlich stabiler und nicht mehr so anfällig für Infektionen sind.

Dabei fordert das Heilfasten keinerlei übermenschliche Anstrengungen vom Fastenden. Das Hungergefühl ist nach drei Tagen verschwunden. Dann fühlt er sich regelrecht befreit – ohne seine Leistungsfähigkeit einzubüßen. Fastende legen täglich bis zu 20 Kilometer bei Wanderungen zurück. Das ist durchaus erwünscht, weil damit dem Muskelabbau vorgebeugt wird. Bei uns in Obertal ist von Fastenden auch schon manches Buch geschrieben und manches Lied komponiert worden. Die Phantasie ist beim Fasten nämlich ungemein angeregt und sprudelnd.

Unter meiner ärztlichen Betreuung sind über 50 000 Heilfastentherapien durchgeführt worden. Es kam in keinem einzigen Fall zu einer ernsten Komplikation. Nicht angezeigt ist diese Therapie nur bei schweren fiebrigen Erkrankungen, vor allem bei der Tuberkulose, bei ausgeprägten Krebserkrankungen, die bereits zur körperlichen Entkräftigung geführt haben, und bei starker Überfunktion der Schilddrüse. Hilfreich ist dagegen das Heilfasten immer bei Allergien, bei Arteriosklerose, bei allen Stoffwechselstörungen, Kreislauferkrankungen, Hautleiden in Verbindung mit Übergewicht, erhöhten Blutfetten und Blutzucker, bei Migräne, Verdauungsstörungen und vegetativer Dystonie – nicht zuletzt bei besonderer Infektanfälligkeit.

Serumtherapie – die »Organschutzimpfung«

Eine andere, sehr wirksame Methode zur »Mobilisierung« spezieller Immunfaktoren ist die Serumtherapie. Sie ist eine Reiztherapie, die gezielt bei überforderten, erschöpften, inaktiv gewordenen Organfunktionen eingesetzt wird. Sie verfolgt das Ziel, organspezifische Immunfaktoren aus der Lethargie zu aufzurütteln und hat eine gewisse Ähnlichkeit mit den Antitoxinen, die gegen Virusinfektionen eingesetzt werden. Bei der Serumtherapie richten sich die Antikörper aber nicht gegen ein Virus oder einen anderen Krankheitserreger, sondern gegen ein menschliches Organ.

Seit den ersten Versuchen, menschliche Organe von einem Spender auf einen Empfänger zu übertragen, wissen wir, wie heftig das Immunsystem auf das artfremde Organ reagieren kann. Das Organ wird abgestoßen. Das bedeutet aber: Die Immunfaktoren haben erkannt, daß sich mit dem neuen Organ etwas im Körper befindet, dem die spezifischen Merkmale körpereigener Substanzen fehlen. Diese Feststellung löst einen Abwehralarm aus. Nicht zuletzt deshalb sind in der Vergangenheit so viele Organtransplantationen gescheitert. Nur mit Hilfe einer künstlichen Suppression des Immunsystems läßt sich erreichen, daß das fremde Organ geduldet wird. Entsprechend anfällig für Infektionen sind Patienten nach einer Organtransplantation.

Bei der Serumtherapie werden über einen Zwischenträger Antikörper gegen ein bestimmtes Organ oder auch gegen mehrere Organe gewonnen. Das geschieht auf einfache Weise: Man injiziert einem Tier Zellen des entsprechenden menschlichen Organs. Daraufhin bilden sich im Serum des Tieres, dessen Immunsystem die fremdartigkeit erkennt, sofort Antikörper dagegen. Das Tierserum mit den Antikörpern gegen das menschliche Organ verabreicht man nun dem Patienten. Er bekommt also Antikörper, die im Zielorgan ein Antigen erkennen. Das derart angegriffene Organ muß alle spezifischen, zellgebundenen Abwehrkräfte mobilisieren, um diesem Angriff wirksam begegnen zu können. Auf diese Weise läßt sich nicht nur die Zellaktivität ganz allgemein revitalisieren; speziell deren Immunfaktoren werden »aufgeweckt«.

Solche Organ-Antikörper-Serien werden seit den 60er Jahren mit großem Erfolg eingesetzt – und zwar gegen vorzeitiges Altern, gegen Abnutzungserscheinungen und zur Beschleunigung von Heilprozessen. Die ersten Experimente mit der Serumtherapie reichen sogar in die 20er Jahre zurück. Heute stehen uns dreizehn spezifische Organseren, zwei Kombinationsseren und ein Serum zur Aktivierung des Bindegewebes zur Verfügung. Die stark verdünnten Injektionen, die keinerlei gesundheitliches Risiko darstellen, muß man nicht etwa direkt in das Zielorgan injizieren. Die Antikörper steuern es, das läßt sich nachweisen, auf direktestem Weg an. In aller Regel gibt man die Injektionen deshalb in die organkorrespondierenden Segmente der Rückenhaut, nämlich in die sogenannten Headschen Zonen.

Die Serumtherapie wendet man wiederum vor allem prophylaktisch an. Man wartet nicht, bis jemand zum Patienten geworden ist, sondern man behandelt ihn bereits, wenn er sich noch in der berühmten »Grauzone« zwischen Gesundheit und Krankheit befindet – also dann, wenn er sich müde, abgeschlagen, erschöpft, ausgelaugt fühlt und sich nun aufrafft, der eigentlichen Erkrankung zuvorzukommen. Daneben lassen sich aber auch immer wieder erstaunliche Erfolge selbst bei fortgeschrittenen chronischen Leiden erzielen, die bis dahin jeder anderen Therapie getrotzt haben.

Man kann beispielsweise bei einer Virusinfektion, die die Leber angegriffen hat, eine leberspezifische Serumtherapie zur Anwendung bringen, woraufhin die Leber sich viel energischer als zuvor gegen das Virus zur Wehr setzt.

Die Serumpräparate sind standardisierte Fertigarzneimittel, die ständig überprüft werden und der Kontrolle des Paul-Ehrlich-Instituts unterliegen. Dieses Bundesamt für Seren und Impfstoffe ist eine Behörde des Bundesgesundheitsamtes. Die biologischen Präparate – um solche handelt es sich bei der Serumtherapie –sind tatsächlich frei von jeglichen unliebsamen Nebenwirkungen. Eine Serumtherapie dauert etwa drei Wochen. Die Injektionen sind nahezu schmerzfrei. Bettruhe ist während der Therapie nicht erforderlich. Wir Ärzte des Immun-Trainings-Centers Obertal kombinieren oft die Serumtherapie etwa mit Heilfasten oder auch mit der Thymosand-Therapie.

Enzymtherapie – »Waffen« für das Immunsystem

Keine eigenständige Therapie, sondern eine Anwendung, die eigentlich immer neben anderen Immuntherapien zusätzlich eingesetzt wird, ist die Enzymtherapie. Die große Bedeutung der Enzyme speziell für ein intaktes Immunsystem habe ich schon dargelegt. Es darf heute als gesichert gelten, daß die sogenannten proteolytischen Enzyme, also eiweißspaltende Enyzme, die eigentlichen Hilfskräfte der Immunfaktoren darstellen. Sie können nicht nur die Eiweißhülle der Viren auflösen – zumindest solange sich diese noch nicht an eine Zelle festgesetzt haben. Ebenso wichtig ist auch ihre Rolle bei der Beseitigung toter Zellen, großer Immunkomplexe und Krebszellen. Nicht zuletzt erfüllen sie eine ganz wichtige Funktion beim Abbau der Fibrinnetze, somit bei der Enttarnung von Schadstoffen, Krankheitserregern, speziell von Viren, die sich hinter diesen Schutznetzen vor den Immunfaktoren verborgen haben.

An sich versorgt ein gesunder Körper sich selbst mit ausreichend proteolytischen Enzymen. Auch gesunde, lebendige Nahrung bietet wertvolle Enzyme in Fülle. Das ist auch notwendig. Denn ohne Enzyme gäbe es keine Gesundheit.

Nun ist aber auch die Enzymproduktion, die hauptsächlich in der Bauchspeicheldrüse vor sich geht, ähnlich wie die Produktion des Insulins, besonders stark von der Thymopause betroffen. Das heißt: Schon um das 40. Lebensjahr ist die Bauchspeicheldrüse ziemlich oft weitgehend erschöpft und kann die notwendige Menge an Enzymen nicht mehr liefern. Dazu kommt noch, daß unsere Nahrung weitgehend enzymleer geworden ist, weil wir uns größtenteils von gekochten, konservierten, chemisch behandelten Lebensmitteln ernähren. Enzyme können aber keine Hitze vertragen. Die meisten von ihnen gehen schon bei 50 Grad Wärme zugrunde. Kommt nun auch noch eine vitaminarme Ernährung hinzu, dann fehlen dem Körper die Grundbausteine zur Herstellung von Enzymen. Sie sind nämlich fast alle aus einem

Vitamin oder einem Spurenelement und einem Eiweißkörper zusammengesetzt.
Das bedeutet letztlich: Vor allem in der Mitte des Lebens kann ein deutlicher Enzymmangel entstehen, so daß dem Immunsystem seine stärksten Waffen fehlen. Gerade Viruserkrankungen wie Herpes-Infektionen, Gürtelrose, selbst die Multiple Sklerose lassen sich dann oft mit einer Enzymtherapie wirksam angehen.
Aus diesem Grunde gehört die Enzymtherapie als begleitende Maßnahme eigentlich zu jeder Immuntherapie. Nur zu oft kann der Arzt feststellen, daß andere Therapien durch eine gleichzeitige Anwendung von Enyzmen in ihrer Wirksamkeit deutlich verbessert und beschleunigt werden.
Enzyme kann natürlich jeder von uns selbst anwenden. Die wichtigsten Enzymquellen sind sind frisches Obst und rohes Gemüse. Vor allem in Ananas, Papayas und in rohem Fleisch und Fisch sind wertvolle eiweißspaltende Enzyme enthalten. Man sollte es sich deshalb zur Gewohnheit machen, die heiße Suppe in regelmäßigen Abständen durch einen Rohkostteller zu ersetzen. Ein gelegentliches »Tartarbeef« kann für den, der es mag, hilfreich zur Enzymversorgung beitragen. Daran sollten vor allem ältere Menschen denken. Hinweise auf einen Enzymmangel sind Verdauungsstörungen, Blähungen, schlecht heilende Wunden oder auch häßliche Narbenbildungen nach Verletzungen.
Wir Ärzte des Schwarzwald Sanatoriums Obertal setzen die Enzymtherapie besonders bei Arteriosklerose, in der Krebsnachbehandlung zur Verhinderung von Metastasenbildungen, bei Rheuma, bei Durchblutungsstörungen, aber auch bei Virusinfektionen und zur allgemeinen Stärkung des Immunsystems als unterstützende Therapie neben anderen Therapien ein. Man kann proteolytische Enzyme heute in der Apotheke kaufen – in Form von Dragees, die eingenommen werden, oder als Salbe zum Auftragen. Der Arzt kann Enzyme auch als Klistier oder in Form einer Injektion zur Anwendung bringen.

Autogenes Training – Harmonie zwischen Seele und Körper

Bei allen Immuntherapien, wie immer sie aussehen mögen – und es gibt neben den genannten noch eine ganze Reihe mehr – darf meines Erachtens eines nicht vergessen werden: die Bemühung, Seele und Körper in harmonischen Einklang zu bringen. Wenn auch alle diese natürlichen Heilmethoden nicht hoch genug eingeschätzt werden können und sehr oft überraschend schnell und gründlich helfen, so sind sie doch immer wieder in Frage gestellt, solange der Körper von der Seele falsche, nämlich drosselnde, supprimierende Signale erhält. Ich habe es dargelegt: Das an sich autonome Immunsystem ist letztlich abhängig von der »Erlaubnis« oder auch vom »Verbot«, tätig werden zu dürfen. Sorgen, Trübsinn, Resignation drosseln das Immunsystem. Man könnte es so formulieren: Negative Seelenregungen machen vielleicht nicht krank – aber sie hindern das Immunsystem daran, die geeigneten Maßnahmen zur Gesundung einzuleiten. So steckt vielleicht eine Krankheit schon über Jahrzehnte latent in unserem Körper, ohne daß wir etwas davon wissen und spüren. Plötzlich geraten wir in eine schwere seelische Krise – und schon sind wir krank. Ganz unerwartet. Ohne daß wir uns erkältet hätten. Die Infektion liegt viel weiter zurück. Der Tumor war vielleicht schon seit geraumer Zeit völlig »zahm« und unauffällig vorhanden gewesen. Nun explodiert er förmlich, und zwar in unglaublich kurzer Zeit und mit mächtiger Entfaltung.

Umgekehrt werden wir vielleicht mit einer Infektion nicht fertig und keine Therapie schlägt an, weil vom Kopf her das befreiende, aktivierende Signal fehlt.

Deshalb muß jedem Arzt, der sich um eine Stabilisierung oder gar Modulation des Immunsystems bemüht, sehr viel daran gelegen sein, daß der Patient zu einer neuen, angstfreien Lebenseinstellung findet. Er muß die innere Ruhe zurückgewinnen und fähig werden, negative Einflüsse von außen entschieden abzuwehren.

Am leichtesten und am schnellsten läßt sich das mit einem autogenen Training erreichen, das jede Immuntherapie begleiten sollte. Diese Übungen haben das Ziel, den verwirrenden Ansturm von Reizen und Bedrohungen auf Seele und Geist wenigstens vorübergehend abzublocken, damit es möglich wird, sich ganz auf ein gesundes Funktionieren des Körpers zu konzentrieren und mit ihm regelrecht ins Gespräch zu kommen. Der Patient muß lernen, dem autonomen Nervensystem die richtigen Signale zukommen zu lassen.

Das hört sich komplizierter an, als es in der Praxis tatsächlich ist. Mit einfachsten Übungen läßt sich erreichen, daß die Atmung tiefer und ruhiger wird, der Herzschlag sich automatisch dieser Ruhe anpaßt und viele Stoffwechselprozesse im Gefolge ebenfalls ihre hektische Gangart aufgeben. Die meisten Patienten beherrschen die »Technik« des autogenen Trainings schon nach wenigen Übungsstunden. Man braucht dazu allerdings eine gewisse Abschirmung von den Alltagssorgen, von privaten und beruflichen Problemen, von drängenden Terminen und störenden Telefonanrufen. Nicht zuletzt empfiehlt es sich auch in diesem Fall, sich vom normalen Alltag zurückzuziehen. Es gibt keinen Zweifel daran, daß die herrliche, gesunde, etwas abgeschiedene Umgebung, in der sich das Immun-Trainings-Center Obertal im Schwarzwald befindet, auf alle Therapien, wie wir dort anwenden, einen entscheidenden Einfluß hat. Hier kann man abschalten – im wahrsten Sinn des Wortes. Hier finden Seele und Körper die idealen Voraussetzungen, um die verlorene Harmonie zurückzugewinnen.

Wer es gelernt hat, keinen Tag ohne kurze Meditation, ohne die besänftigende Zwiesprache mit dem Körper zu beginnen, der ist den Anforderungen, die auf ihn warten, ganz anders gewachsen. Ich weiß, daß Manager in führender Position, die bei uns die so hilfreiche Möglichkeit des autogenen Trainings erlernt haben, keine Konferenz, keine wichtige Verhandlung führen und keine schwerwiegende Entscheidung treffen, ohne zuvor diese kleine Übung der Sammlung vorgenommen zu haben. Es mag dem, der das autogene Training noch nicht kennt, verrückt erscheinen, sich mit seinem Immunsystem zu unterhalten, ihm Zuversicht und Entschlossenheit einzuprägen. Für den, der die segensreiche Wirkung des autogenen Trainings erfahren hat, ist es selbstverständlich geworden: Unser Immunsystem braucht unsere positive Einstellung zum Leben. Es will von uns hören, daß seine Leistungsfähigkeit schier unbegrenzt ist – und noch viel wunderbarer, als wir uns das vorstellen können.

Diese Zuversicht, ja das Wissen darum, daß wir in uns eine Institution besitzen, die letztlich alle gesundheitlichen Probleme zu lösen vermag, für die nichts, aber auch gar nichts so schwierig wäre, daß es nicht doch bewältigt werden könnte – das ist unsere einzige Chance, die drohende Gesundheitskatastrophe doch noch abwenden zu können.

Das gibt uns aber zugleich auch die Verpflichtung, alles zu tun, die unfaßbare Leistungskraft unseres Immunsystems gesund zu erhalten, sie zu trainieren, sie gegegebenfalls neu aufzubauen.

7

Meine 10 Gebote für eine wirksame Virenabwehr

Lassen Sie mich Ihnen nach so viel theoretischen Darlegungen über die Viren noch ein paar handfeste Regeln an die Hand geben, die Ihnen helfen sollen, diese heimtückischen Winzlinge noch wirksamer als bisher abzuwehren. Ich möchte zugleich einige besonders wichtige Punkte, die ich bereits erwähnt habe, noch einmal griffig zusammenfassen:

1. Am Anfang jeder wirksamen Virenabwehr müssen wir uns vor allem unsere Position den Viren gegenüber klarmachen. Es gilt einzusehen: Viren sind Geschöpfe, denen die Welt sehr wahrscheinlich neben großer Not auch viel Positives zu verdanken hat. Wir können ihnen nicht ausweichen, denn sie sind pausenlos um uns herum – und immer wieder in uns. Deshalb muß es uns gelingen, diese Geschöpfe zu akzeptieren und mit ihnen zu leben. Solange wir über ein starkes, gesund funktionierendes Abwehrsystem verfügen, brauchen wir sie nicht zu fürchten und nicht zu hassen. Es wäre töricht, wollten wir einander die Hand nicht mehr reichen – aus Furcht vor Ansteckungen. Sehen wir in Viren nicht ausschließlich Todfeinde, die um jeden Preis und radikal vernichtet werden müßten. In vielen Fällen sind sie Trainingspartner für unser Immunsystem, die es zur eigenen Ertüchtigung vielleicht sogar braucht. Bei den sogenannten Erkältungen bieten sie dem Immunsystem willkommene Gelegenheiten, seine Einsatzmöglichkeiten zu erproben und zu trainieren. Wir dürfen es dabei nur nicht behindern.

Machen wir uns klar: Die wichtigsten Verbündeten der Viren sind unsere eigene Angst, übertriebene Sorgen, Resignation und Panik. Viren bekommen immer dann ihre größten Chancen und wir sind ihnen ziemlich hilflos ausgeliefert, wenn wir das Lachen verlernen, uns grämen und von Gefühlen wie Verbitterung, Haß und Neid niederdrücken lassen. Deshalb besitzt jener den sichersten und wirksamsten Schutz gegen Viren, der sich von den kleinen Unebenheiten des Lebens nicht beeindrucken, sich nicht pausenlos verstimmen läßt, der sich noch von Herzen freuen und auch anderen Freude schenken kann. Selbstverständlich gibt es in jedem Leben auch Stunden der Niedergeschlagenheit, der Trauer, großer seelischer Schmerzen. Für unsere Gesundheit werden diese Momente erst dann problematisch, wenn wir daraus keinen Ausweg mehr finden und uns auch zum Herausfinden nicht mehr aufraffen können. Wer sich der Welt so verschlossen hat, daß er die Schönheit einer Blume, das wundersame Lächeln eines Kindes nicht mehr wahrnehmen und sich daran nicht mehr freuen kann, der hat den Viren alle Türen und Tore geöffnet und sich ihnen ausgeliefert. Vergessen wir bei keinem Gedanken, den wir denken, und bei keiner Regung unseres Herzens, daß unser Immunsystem das alles vernimmt und ganz wörtlich versteht. Vor allem aber: Es muß solche Anweisungen strikt befolgen!

Andererseits dürfen wir aber auch nicht dulden, daß Viren in unserem Körper überhand nehmen – und wäre es nur in bestimmten Bezirken oder vermeintlich harmlosen Formen, wie beispielsweise Warzen oder Herpesinfektionen. Wir müssen den Körper in die Verfassung versetzen, daß er die Krankheitserreger entschlossen angeht und ihnen nirgendwo Unterschlupf gewährt. Dazu gehört vor allem, daß wir die vermeintlich »banalen« Infektionen jeweils gründlich auskurieren, keinen Schnupfen, keinen Husten hinnehmen, der nach drei Wochen nicht wieder abgeklungen wäre.

2. Es gilt in unseren Tagen gründlich umzudenken. So wie wir in der Umwelt nicht länger mit Massenvernichtungsmitteln gegen die sogenannten Schädlinge angehen können, weil wir sonst das ganze Gefüge der komplizierten Lebensgemeinschaften durcheinanderbringen, so dürfen wir auch nicht länger mit »chemischen Keulen« gegen einzelne Krankheitserreger, etwa die Bakterien, vorgehen. Die Anwendung von Antibiotika bei jeder kleineren Infektion bedeutet jeweils einen massiven Eingriff in das innerkörperliche »Biotop«. Viren, die von Antibiotika in aller Regel nicht an ihrer Vermehrung gehindert werden können, erfahren durch die Massenvernichtung der Bakterien – und zwar der schädlichen wie auch der nützlichen – einen Freiraum, in dem sie sich entfalten können. Deshalb ist es notwendig, daß Medikamente wie die Antibiotika nur wirklich im Notfall zum Einsatz gelangen. Gegen die sogenannten Erkältungen sind sie sowieso wertlos. Sie vernichten nicht die Krankheitserreger, sondern unterdrücken die Krankheitssymptome und vermitteln damit das falsche Gefühl der Heilung.

3. Auch Impfungen sollten auf ein gesundes Maß beschränkt bleiben. Zu viele Schutzimpfungen vor allem im Kleinkindalter nehmen dem Immunsystem jegliche Trainingschance. Damit wäre man zwar immun gegen ganz bestimmte Viren, andere Arten könnten sich möglicherweise aber um so unbehinderter durchsetzen, weil die Abwehrkräfte keine Möglichkeit fanden, sich im Training notwendige Fertigkeiten, vor allem aber ein entschlossenes, angemessenes Reagieren anzueignen. Zur wirksamen Virenabwehr gehört nicht nur die Bildung passender Antikörper, wie das beim Impfvorgang der Fall ist, sondern die Mobilisierung aller Immunfaktoren. Das umfaßt vor allem auch die deutliche Leistungssteigerung der Körperzellen mit Schwellungen, Entzündungen und Fieber. Wichtig ist aber gerade, daß solche Maßnahmen rechtzeitig, in aller Entschlossenheit, nicht zu lasch und nicht zu heftig durchgeführt werden. Ohne das nötige Training ist unser Immunsystem nicht in der Lage, den gesunden Mittelweg zu finden. Dann reagiert es zu lasch oder zu heftig. Beides kann sehr gefährliche Folgen nach sich ziehen. Wir dürfen nicht länger akute Erkrankungen infolge einer Infektion befürchten, sie für eine Schwäche oder gar ein Versagen halten. Zwei »Grippe«-Erkrankungen pro Jahr sind kein Hinweis auf eine Abwehrschwäche. Sie zeigen uns, daß unser Immunsystem sich zu wehren weiß. Deshalb müssen wir ihm auch die Zeit und unbehinderte Entfaltungsmöglichkeiten einräumen. Drei, vier Tage Bettruhe mit der damit verbundenen Schonung können uns vor weit schlimmeren Erkrankungen bewahren. Die eigentlichen Krankheiten, die chronischen Leiden nämlich, verraten erst, daß der Körper sich nicht mehr in der richtigen Weise zu wehren weiß. Sie aber können zumindest weitgehend verhindert werden, wenn akute Infektionen jeweils gründlich auskuriert werden.

4. Ein gesund funktionierendes Immunsystem ist abhängig von der richtigen Ernährung. Jede übermäßige Ernährung, mag sie noch so ausgewogen sein, stellt eine erhöhte Anforderung an das Immunsystem dar. Deshalb muß nicht nur in Zeiten des Unwohlseins, sondern ganz allgemein die Nahrungsmenge auf ein ausreichendes Maß eingeschränkt werden. In heutiger Zeit verspeisen wir Bürger der Wohlstandsländer im Durchschnitt um ein Drittel zuviel. Damit werden die Immunfaktoren von wichtigen Aufgaben abgezogen und sind in der Abwehr von Krankheitserregern überlastet. Im schlimmsten Fall kann diese Aufgabe nur noch bruchstückhaft oder gar nicht mehr erfüllt werden.

Fast noch wichtiger bei der Ernährung ist aber die ausreichende Versorgung unseres Körpers mit den notwendigen Vitalstoffen. Die moderne Ernährungsweise bringt es mit sich, daß der Bedarf an Mineralstoffen, Spurenelementen, Vitaminen, und Enzymen gemessen am Bedarf früherer Zeiten deutlich erhöht ist. Gleichzeitig ist unsere Nahrung weithin derart »entleert«, daß auch mit einem noch so gesunden Essen allein der notwendige Nachschub an Vitalstoffen nicht mehr gewährleistet ist. Ist die Ernährung aber, wie vielfach gerade von jungen Menschen praktiziert, auch noch einseitig, kann es noch schneller zu einer Unterversorgung kommen, die sich dann vor allem auf das Immunsystem nachteilig auswirkt. Wir brauchen deshalb neben der Vollwertnahrung, die viel ungekochte, noch »lebendige« Lebensmittel enthält, auf allen Lebensstufen zugleich eine gezielte Nahrungsergänzung, damit unser Organismus dem Immunsystem die notwendigen »Waffen« zur Virenabwehr zur Verfügung stellen kann. Eine besonders wichtige Rolle in diesem Punkt spielen die eiweißspaltenden und fettspaltenden Enzyme. Sie setzen sich größtenteils aus Vitaminen oder einem Spurenelement und einem Eiweißkörper zusammen. Vor allem in den Übergangsmonaten im Herbst und im Frühjahr kann auf die Versorgung mit Vitaminen, Mineralstoffen, Spurenelementen und Enzymen nicht mehr verzichtet werden. Wer mit Warzen, Herpes- oder anderen Virusinfektionen zu tun hat, sollte vor allem viele Enzyme zu sich nehmen. Sie sind in frischem Obst und Gemüse, in naturbelassener, nicht pasteurisierter Milch und in Fleischspeisen enthalten. Man kann Enzyme auch in der Apotheke kaufen.

5. Jeder Mensch macht in seinem Leben drei schwierige, aber völlig natürliche Immunkrisen durch: Etwa im siebten Lebensmonat, wenn der Immunschutz zu Ende geht, den das Kind von seiner Mutter mitbekommen hat; in der Pubertät, wenn den Sexualhormonen eine gewisse Übermacht eingeräumt werden muß, damit aus dem Jungen ein Mann, aus dem Mädchen eine Frau werden kann; und in den Wechseljahren, wenn die Drüsen der Sexualhormone ihre Funktion nach und nach einstellen. Dazu kommt für Frauen als vierte Immunkrisenzeit die Schwangerschaft. In diesen Lebensphasen ist das Immunsystem supprimiert. Man darf es also nicht zusätzlich belasten. Ich rate dringend ab von Reisen in exotische Länder und von übermäßigen sportlichen Anstrengungen. Es gilt darüber hinaus, psychische Belastungen in Grenzen zu halten und jeweils dafür zu sorgen, daß Konflikte möglichst rasch und auf vernünftige und gründliche Weise gelöst werden. In diesen Zeiten ist eine gesunde Ernährung ganz besonders wichtig. Vor allem junge Menschen in der Pubertät dürfen nicht länger mit »fast food« den Hunger stillen, sondern müssen eine vollwertige Nahrung zu sich nehmen, weil sie sonst ihre Gesundheit ruinieren – mit Folgen, die sich vielleicht erst nach Jahrzehnten, dann aber um so heftiger einstellen. Zusätzliche Maßnahmen zur Stärkung der Immunkräfte während der Krisenphasen sind nicht zu empfehlen. Sie sollten jeweils zuvor um so gründlicher durchgeführt werden: Bei Kindern vor der Pubertät, bei Frauen vor der Schwangerschaft, bei Männern und Frauen, noch ehe sie in die Wechseljahre kommen.

Glauben Sie nicht, Sie könnten sich mit übertriebener Hygiene vor Viren schützen. Das Gegenteil ist der Fall. Wenn Sie den Schutzfilm auf der Haut, die vorderste Abwehrfront des Immunsystems pausenlos zerstören, werden Sie für Infektionen deutlich anfälliger.

Meiden Sie möglichst Genußgifte. Sie stellen eine große Belastung des Immunsystems dar. Die winzigen Partikel des Tabakrauches, aber auch das Nikotin, wirken sich besonders verhängnisvoll aus.

Nehmen Sie Medikamente wirklich nur dann ein, wenn Ihr Arzt das für richtig hält. Viele von ihnen wirken immundämpfend. Andere enthalten Gift- und Schadstoffe, deren Beseitigung große Anforderungen an das Immunsystem stellt.

6. Die eigentliche Gesundheitskrise, die sogenannte Immunopause, findet infolge einer Erschöpfung der Thymusfaktoren leider oft schon vorzeitig ab dem 35. Lebensjahr statt. Ihr muß unbedingt vorgebeugt werden – schon ab dem 25. Lebensjahr. Es gilt nach der Pubertät ganz gezielt das Immunsystem wieder zu stabilisieren – mit einer deutlichen Einschränkung der Nahrungsmenge, mit einer gründlichen Nahrungsergänzung, mit einem besonders sorgfältigen Auskurieren banaler Infekte, notfalls auch mit einem Urlaub, der ganz gezielt eine gesundheitliche Neuorientierung anstrebt.

Junge Frauen sollten nicht unbedingt vor dem 23. Lebensjahr schon schwanger werden, weil sich sonst die letzten Auswirkungen der Supprimierung während der Pubertät mit der erneuten Unterdrückung der Immunfaktoren während der Schwangerschaft treffen.

Wenn nach dem 35. Lebensjahr Infektionen ganz ausbleiben oder kaum merklich ablaufen, darf das nicht als besondere Abwehrstärke mißverstanden werden. In den meisten Fällen ist es ein Hinweis auf die starke »Übermüdung« oder gar Erschöpfung des

Immunsystems. In einem solchen Fall muß überlegt werden, ob es nicht nötig ist, mit besonderen Maßnahmen das darniederliegende Immunsystem wieder aufzurichten. Es gibt heute gute Möglichkeiten, beim entsprechend eingerichteten Arzt den Immunstatus messen zu lassen. Meine Hoffnung geht dahin, daß es bald möglich sein wird, problemlos in jeder Arztpraxis solche Diagnosen zu erstellen, und daß diese Maßnahmen genauso selbstverständlich werden wie das Messen des Blutdrucks und ein EKG.

7. Manche Fehlfunktion des Organismus mag unbedeutend sein. Unser Immunsystem darf sich keinen Fehler leisten. Nicht den geringsten. So wäre es entsprechend unverantwortlich, wir wollten weiterhin Allergien als zwar lästige, aber ungefährliche Bagatellen abtun. Sie zeigen uns an, daß es in der Erkennungsfähigkeit des Abwehrsystems zumindest einen Fehler gibt: Völlig ungefährliche Substanzen werden angegangen, als handelte es sich bei ihnen um bedrohliche Gefahren für unseren Körper. Ein solcher Fehler darf nicht hingenommen werden. Die Gefahr ist einfach zu groß, daß sich die Fehleinschätzungen summieren, um irgendwann dann doch tödliche Gefahren heraufzubeschwören. Es kann nicht ausreichen, Allergene zu meiden oder allergische Reaktionen zu unterdrücken. Wir müssen das Immunsystem dahin bringen, daß es seinen Fehler korrigiert. Dazu gehört ein gezieltes Immuntraining, vielleicht auch eine Immuntherapie. Wir müssen uns aber gleichzeitig immer auch fragen, ob der Körper nicht etwas ablehnt, weil er vom Kopf her das entsprechende Abneigungssignal bekommen hat.

Wer denkt schon bei einem Rheumaleiden oder einer Kreislaufstörung an eine Virusinfektion als Ursache? Übersehen wir nicht: Nahezu alle chronischen Erkrankungen – vielleicht sind es sogar alle insgesamt – besitzen als Hintergrund einen Defekt im Immunsystem. Vielen von ihnen geht eine schwere Infektion voraus, die nicht richtig ausgeheilt wurde. Andere kommen zustande, weil das Immunsystem irritiert oder erschöpft wurde. Wissenschaftler sind heute überzeugt davon, daß selbst bei der Arteriosklerose das erste auslösende Moment eine Infektion ist. Erst wenn sich in der feinen Innenhaut eines Blutgefäßes eine Entzündung fand, so meinen sie, können sich an dieser Stelle Ablagerungen bilden. In vielen Fällen ist einem Altersdiabetes eine Virusinfektion vorausgegangen. Und auch bei rheumatischen Leiden lassen sich immer wieder deutliche Zusammenhänge zwischen einer schweren Infektion und dem nachfolgenden chronischen Leiden verfolgen.

Anders gesagt: Wer gesund bleiben will, wer sich vor allem vor chronischen Leiden schützen möchte, wozu ich auch die Krebsleiden zähle, der muß zusehen, daß seinem Immunsystem das gesunde Wirken und Walten erhalten bleibt. Lebenslang: Wurde es aber angegriffen oder gar geschädigt, dann ist ebenso schnell für eine sofortige fehlerfreie Wiederherstellung zu sorgen.

8. Wenn Sie im fortgeschrittenen Alter zum Diabetiker geworden sind, müssen Sie sich klarmachen, daß aller Wahrscheinlichkeit nach nicht nur die Inselzellen der Bauchspeicheldrüse erschöpft sind, sondern auch die Bauchspeicheldrüse selbst. Damit wäre die Produktion von Enzymen für ein gesundes Funktionieren der Abwehrfaktoren nicht mehr ausreichend. Dem Immunsystem würden die wichtigsten Waffen im Abwehrkampf fehlen. Sie müßten sich also nicht nur um die genügende Insulinversorgung kümmern, sondern auch die Enzymausstattung besonders sorgfältig ergänzen. Das wird leider meistens vergessen, wodurch die Anfälligkeit erheblich ansteigen kann. Den Enzymmangel können Sie feststellen, wenn sich auf der Haut, speziell auf den Handrücken, Warzen und Altersflecken bilden, wenn Verdauungsstörungen, vor allem Blähungen, eine gewisse Regelmäßigkeit annehmen.

9. Wenn Sie während einer schweren Erkrankung Antibiotika bekamen, müssen Sie davon ausgehen, daß Ihr Immunsystem einer besonderen Belastung, vielleicht sogar Irritierung ausgesetzt wurde. Unterziehen Sie sich einem gezielten Immuntraining. Versorgen Sie Ihren Körper besonders sorgfältig mit Vitalstoffen. Sie sollten wissen, daß er in diesem Moment besonders anfällig ist. Stürzen Sie sich in den ersten Tagen nach der Wiederaufnahme der Arbeit nicht in übermäßigen Streß. Er wirkt als Immunbremse und kann damit zu einem Rückfall führen, der dann problematischer ist als die ursprüngliche Erkrankung. Wenn Streß sich nicht vermeiden läßt oder sie unversehens hineingeraten sind, müssen Sie für einen natürlichen Abbau der Streßfolgen sorgen. Das geschieht am einfachsten, in dem Sie sich im Anschluß an die Streßsituation, spätestens am Abend, sportlich betätigen oder zumindest tüchtig bewegen. Die im Streß angehäuften Betriebsstoffe müssen »verbrannt«, also aus dem Blut entfernt werden.

Sorgen Sie für ausreichenden und gesunden Schlaf. Nur im Schlaf können die Kräfte des Immunsystems ihre Wirkung voll und völlig unbehindert entfalten. Besonders wichtig dabei sind die frühen Nachtstunden, weil sich in ihnen der Körper erholt.

10. Wenn Ihnen während einer Krebserkrankung Zytostatika oder Bestrahlungen verabreicht wurden, ist Ihr Immunsystem stark geschädigt worden. In solchen Fällen ist es unerläßlich, daß Sie nach der eigentlichen Therapie gezielte Maßnahmen zum Wiederaufbau eines schlagkräftigen Immunsystems einleiten. In diesem Fall reicht ein Immuntraining auf eigene Faust nicht mehr aus. Sie sollten sich unter ärztlicher Betreuung einer Immuntherapie unterziehen, etwa einer Behandlung mit Thymosand und Enzymen. Sie kann wesentlich dazu beitragen, daß es nicht zur Bildung von Metastasen kommt, Sie in der Krankheit also keine Rückfall erleiden. Und sie bietet gleichzeitig einen guten Schutz gegen Infektionen, speziell gegen Virusinfektionen. Würde diese Nachsorge mit einer Immuntherapie noch weit gezielter betrieben, als das bisher der Fall ist, könnte dem Patienten ein breites Spektrum neuer Lebensqualität zurückgegeben werden. Die Zahl der Rezidive würde sicherlich deutlich verringert werden. Nur ein wieder funktionsfähiges, intaktes Immunsystem ist in der Lage, neuentstandene Krebszellen zu vernichten und sie daran zu hindern, zum Tumor heranzuwachsen. Deshalb muß alles getan werden, dieses intakte Immunsystem wieder zurückzugewinnen.

Lassen Sie mich noch hinzufügen: Unser Immunsystem gehört in seiner genialen Funktionstüchtigkeit zum wunderbarsten, was die

Evolution des Lebens in Jahrmilliarden geschaffen hat. Es ist sicherlich nicht übertrieben, wenn ich hier feststelle: Von diesem Immunsystem hängt unsere Gesundheit ab. Nur seine Fähigkeit, auf die Reize und Angriffe der Umwelt richtig zu reagieren, macht ein Überleben in dieser Welt möglich.

Zur menschlichen Freiheit gehört aber auch, daß wir uns gegen unser eigenes Immunsystem entscheiden, es behindern, es schädigen, es sogar zerstören können. Manchmal möchte man fast bedauern, daß die Autonomie des Immunsystems nicht auch gegenüber unserem Willen, unseren Gedanken, unseren Gefühlen gegeben ist. Gegen alles vermag sich das Immunsystem zu wehren. Allen Gefahren, auch den schlimmsten, ist es gewachsen. Nur gegen unseren Kopf kann es nicht an. In diesem Punkt ist es absolut abhängig und strikt gehorsam. Und gerade darin liegt seine Schwäche. Es ist die Schwäche unseres Lebenswillens, die Verdrossenheit uns selbst gegenüber. Nicht die Viren und keine anderen Krankheitserreger können unser Immunsystem besiegen – nur unsere Gedanken und Herzensregungen.

Das ist aber genau der Punkt, der mir im Blick in die Zukunft schlimme Visionen bereitet: Werden wir Menschen dahin finden, daß wir unserem Immunsystem die naturgewollte Autonomie zurückgeben? Daß es wieder schalten kann, wie es richtig ist? Völlig unbehindert?

Anhang

Verzeichnis der wichtigsten Viruserkrankungen

AIDS: Die Krankheit ist erstmalig 1981 als eigenständiges Krankheitsbild beschrieben worden. Es handelt sich um ein erworbenes Immundefekt-Syndrom (engl.: ***a**cquired **i**mmuneo **d**eficiency **s**yndrome*). Nach einer Infektion mit dem HIV-Virus stellen sich meist erst nach Jahren tödliche Erkrankungen ein, die auf Defekte im zellulären Immunsystem hinweisen. Offensichtlich befallen die HIV-Viren Immunfaktoren selbst. Eine Infektion ist nach bisherigen Erkenntnissen nur möglich, wenn das Virus direkt in das Blut gelangt (Geschlechtsverkehr, Bluttransfusion). Im Gegensatz zu bisher bekannten Virusinfektionen ist der Nachweis von Antikörpern nicht der Hinweis auf eine Immunität. Bisher gibt es keinen Impfstoff gegen das HIV-Virus.

Bornholmer Krankheit *(Pleurodynie):* Die Bornholmer Krankheit, eine Coxsackie-Virus-Infektion, wird nach ihrem erstmaligen epidemischen Auftreten auf der Insel Bornholm bezeichnet. Sie äußert sich durch eine schmerzhafte, mit rasch ansteigendem Fieber einhergehende Erkrankung der Skelettmuskulatur, vorwiegend der Brustmuskulatur. Besonders bei Kindern, aber auch bei Erwachsenen, wird durch mehrere Typen von Coxsackie-Viren der Gruppe A eine Herpangina hervorgerufen, die durch plötzlich einsetzendes Fieber, durch Mattigkeit, Kopf- und Schluckschmerzen und durch zahlreiche auf dem weichen Gaumen, den Mandeln und dem Zungengrund auftretenden, von einem roten Hof umgebenen Bläschen von knapp 2 mm Durchmesser gekennzeichnet ist. Es kann zu Appetitlosigkeit, Erbrechen und Leibschmerzen kommen. Die Krankheit tritt meistens als Sommergrippe auf (3-Tage-Fieber), kann im schlimmsten Fall aber auch zur Hirnhautentzündung führen (siehe auch Hirnhautentzündung).

Creutzfeld-Jakob-Krankheit: Es handelt sich um eine »slow-virus-Erkrankung«, die von den Neurologen Gerhard Creutzfeld und Alfons Jakob 1921 erstmals beschrieben wurde. Erreger ist ein bislang noch nicht identifiertes Virus, ein Viroid oder Prion. Die Krankheit ist ansteckend. Sie beginnt mit allgemeinen nervlichen Störungen, Lähmungen und endet mit raschem geistigen Verfall (Demenz). Die Inkubationszeit dauert ein halbes Jahr bis drei Jahre. Die Krankheit dauert zwischen einem halben Jahr und zwei Jahren.

Gelbfieber: Virusinfektion, die im tropischen Mittel- und Südamerika sowie in Afrika südlich der Sahara zu Hause ist. Das Gelbfieber-Virus, das zur Gruppe der Arboviro-sen zählt, wird durch Stechmücken der Gattung Aedes, aber auch durch andere Steckmücken übertragen. Man kann sich nicht durch direkten Kontakt mit Erkrankten oder deren Kleidung infizieren. Die Inkubationszeit dauert 3 bis 6 Tage. Die Krankheit beginnt mit plötzlichem hohem Fieber, Kopf- und Gliederschmerzen, Übelkeit und Erbrechen. Später kommen Bluterbrechen und Darmblutung hinzu. Bei ungünstigem Verlauf endet die Erkrankung mit dem Tod. Abgesehen von Epidemien, in denen es häufiger zu Todesfällen kommt, liegt die Todesrate bei etwa 10 Prozent. Gegen Gelbfieber gibt es eine Schutzimpfung, die 10 Jahre lang schützt.

Gelbsucht (Virus-Hepatitis): Die Gelbsucht *(Ikterus)* entsteht durch die Ansammlung von Gallenfarbstoffen im Blut und in den Geweben. Sie wird sichtbar als Gelbfärbung der Haut und der Schleimhäute. Die Leber als großes Drüsenlabor übernimmt im Körper in großem Maße die Ausscheidung der Blutstoffabbauprodukte. Die mittlere Lebensdauer der roten Blutkörperchen beträgt etwa 120 Tage. Danach werden sie, nunmehr überaltert, in der Milz abgebaut. Die Ursache der Gelbsucht ist meistens eine Virusinfektion. Dabei unterscheidet man die beiden Gruppen: Virus-A-Hepatitis. Sie wird durch fäkale Verunreinigungen der Lebensmittel oder des Wassers übertragen. Die Inkubationszeit dauert zwischen 15 und 20 Tagen. Die Virus-B-Hepatitis tritt fast nur nach Bluttransfusionen auf. Die Inkubationszeit dauert in diesem Fall 50 bis 120 Tage. Die Krankheit äußert sich mit allgemeiner Abgeschlagenheit, mäßigem Fieber, Übelkeit, Appetitlosigkeit. Der Urin wird dunkelbraun, der Stuhl ist entfärbt. Der

Arzt kann Leberschwellungen, mitunter auch eine Milzvergrößerung feststellen. Die Gelbsucht fehlt bei etwa der Hälfte aller viralen Leberentzündungen. In den meisten Fällen heilt die Krankheit innerhalb von 12 Wochen aus. Es kann aber auch zur chronischen Leberentzündung kommen, die dann jahrelange Schonung erforderlich macht.

Grippaler Infekt: Unter grippalem Infekt versteht man eine fieberhafte Allgemeinerkrankung der oberen Luftwege und, wenn dies auch relativ selten geschieht, des Magen-Darm-Kanals. Ein grippaler Infekt hat, obwohl diese Ansicht weit verbreitet ist, mit einer echten Grippe nichts zu tun. Der grippale Infekt tritt vor allem im Herbst und im Winter auf. Als Verursacher kommen über 100 verschiedene Viren in Frage. Antibiotika nützen gegen solche »Erkältungen« nichts.

Grippe *(Influenza)*: Die Grippe, übertragen durch Tröpfcheninfektion, tritt häufig in Form einer Seuche auf, die sich über ganze Erdteile hinweg verbreiten kann. Drei verschiedene Virusarten sind dafür verantwortlich: die Grippe-Virustypen A, B und C. Die Grippe kann sehr plötzlich ausbrechen: schon wenige Stunden nach der Ansteckung oder erst bis zu 4 Tage später. Sie äußert sich bei den Infizierten mit Frösteln, Kopf- und Muskelschmerzen, Augenbrennen, Fieber, trockenem Husten und Halsweh. Es kann aber auch zu Mittelohr- und Nasennebenhöhlenvereiterungen kommen. In extremsten Fällen tritt eine Bronchitis oder eine Lungenentzündung auf.

Die **Darmgrippe** äußert sich durch Übelkeit, Erbrechen, Bauchschmerzen und Durchfälle, verbunden mit Appetitlosigkeit und Übelkeit.

Die **Kopfgrippe** kommt vor allem bei Kindern und jugendlichen Erwachsenen vor. Sie wirkt auf Gehirn und die Hirnhäute. Die davon betroffenen Menschen leiden unter starken Kopfschmerzen und unter Schlaflosigkeit, die sich abwechselt mit außergewöhnlich starker Benommenheit, mit Unruhe und seelischer Verstimmung. Vor allem alte Menschen sollten eine Virusgrippe nicht unterschätzen, da die dadurch auftretende Belastung des Kreislaufsystems sehr bedrohlich werden kann. Eine Grippeschutzimpfung vor Beginn der Grippesaison ist Menschen ab 60 zu empfehlen, denn Geimpfte können sich dadurch vor einer schweren Erkrankung schützen.

Herpes simplex Stamm 1 *(Herpes labialis)*: Virusinfektion, die durch Tröpfcheninfektion oder durch direkte Ansteckung an Lippenbläschen zustande kommt. Die Erstansteckung erfolgt oft schon zwischen dem 1. und 5. Lebensjahr. Die Infektion hinterläßt keine Immunität. Sehr häufig kommt es zu Rezidiven, die bei seelischen Konflikten, bei Fieber, während der Menstruation, bei Magen-Darm-Störungen oder Verletzungen auftreten. Nach Juckreiz und einem Spannungsgefühl bilden sich auf den Lippen und in der Mundschleimhaut wäßrige Bläschen, die zu Krusten eintrocknen. Gegen Herpes gibt es keine Schutzimpfung. Das Herpes-Virus ist aber keine Bagatelle, da es in Einzelfällen zu einer Hirnhautentzündung und anderen Erkrankungen führen kann. Es kann auch die Hornhaut der Augen befallen.

Herpes simplex Stamm 2 *(Herpes genitalis)*: Virusinfektion, die nur im Genitalbereich auftritt. Ähnlich wie beim Herpes *labialis* bilden sich rund um die Geschlechtsorgane und auf ihnen wäßrige Bläschen, die zur Kruste trocknen, bei geschwächter Immunlage aber rezidivieren. Diese Infektion ist durch Geschlechtsverkehr übertragbar. Es gibt Hinweise dafür, daß dieses Virus für Gebärmutterhalskrebs verantwortlich ist. Es gibt keine Schutzimpfung gegen dieses Virus.

Herpes zoster (Zoster, Gürtelrose): Das Varicella-Zoster-Virus, das auch die Windpocken verursacht, kann sich offensichtlich über Jahrzehnte hinweg im Körper »verstecken«. Es steigt entlang der peripheren Nervenfasern in ein sensorisches Ganglion hoch und kann dort jahrzehntelang auf seine Stunde warten. Bis es dann – vor allem in psychisch bedrängter Situation – reaktiviert wird, um nun eine ganz andere, sehr schmerzhafte Krankheit auszulösen. Sie beginnt mit großer Abgeschlagenheit, Fieber und Rachenkatarrh. Dann bilden sich Pusteln entlang eines Nervenstranges, meist halbseitig. Der Juckreiz ist schier unerträglich. Gelegentlich kommt es sogar zu Lähmungserscheinungen. Zu den Hauterscheinungen, die in aller Regel in 2 bis 4 Wochen abheilen, oft jedoch Narben hinterlassen, kommen heftige Zosterneuralgien, die nicht selten lange über die eigentliche Erkrankung hinaus fortdauern und sehr schmerzhaft sein können. Neuerdings versucht man, der Gürtelrose mit Interferonen beizukommen – gelegentlich mit Erfolg. Zosterinfektionen hinterlassen in der Regen lebenslange Immunität. Eine Schutzimpfung gegen das Varicella-Zoster-Virus gibt es nicht (siehe auch Windpocken).

Hirnhautentzündung *(Virus-Meningitis)*: Die Hirnhautentzündung kann durch Bakterien, Pilze, Protozoen – aber auch durch Viren ausgelöst werden. In Frage kommen vor allem Entero-, Mumps-, Herpes-, Masern-, Röteln- und Adeno-Viren. Diese Krankheit ist an kein Lebensalter gebunden. Sie zeigt aber ganz besonders schwere Verläufe bei verminderter Abwehrkraft. Eine Virus-Meningitis ist fast immer die Folge einer verschleppten Virusinfektion. Die Hirnhaut kann infiziert werden, wenn es den Viren gelingt, die besonders starken Immunbarrieren zwischen Hals und Kopf zu überwinden. Nicht zuletzt wegen der

Bedrohlichkeit dieser Krankheit muß sorgfältig darauf geachtet werden, daß Virusinfektionen gründlich auskuriert werden. Die Symptome sind: Kopfschmerzen, Erbrechen, plötzliches hohes Fieber, Schüttelfrost, Bewußtseinsstörungen, Kiefersperre und Nackenstarre, starke Berührungs-, Geräusch- und Lichtempfindlichkeit.

Kinderlähmung *(Poliomyelitis)*: Die sogenannte spinale Kinderlähmung wird von den Poliomyelitis-Viren verursacht. Sie kann nicht nur Kinder, sondern alle Lebensalter heimsuchen. Das Virus, über den Magen-Darm-Trakt aufgenommen, gelangt über das Blut in das zentrale Nervensystem und löst Lähmungen aus. Die Krankheit beginnt meistens wie eine Grippeerkrankung, die sich bald sehr heftig steigert und auch die Anzeichen einer Meningitis (Nackensteife) annehmen kann. Die Lähmungen können aber auch ohne fiebrige Erkrankung ganz plötzlich auftreten. Am häufigsten sind halb- oder doppelseitige, meist starre, spastische Lähmungen. Die Krankheit ist lebensbedrohend. Etwa jeder 5. Erkrankte überlebt die Infektion nicht. Die Inkubationszeit beträgt 3 bis 14 Tage. Gegen die Kinderlähmung gibt es die Schluckimpfung. Nach der Grundimpfung im Kleinkindesalter sollte sie in 10jährigem Abstand wiederholt werden.

Masern *(Morbilli)*: Die Masern sind eine akute Virusinfektion. Die Übertragung der Krankheit erfolgt durch Tröpfcheninfektion oder durch direkte Berührung. Obwohl Masern und Röteln (siehe auch Röteln) sich einander oft zum Verwechseln ähneln, sind es doch zwei verschiedene Krankheiten. Masern beginnen 10 bis 14 Tage nach der Ansteckung mit langsam ansteigendem Fieber, Niesen, Schnupfen, trockenem und rauhem Husten. Typisch für die Masernerkrankung sind die kleinen, hellroten, erhabenen Pünktchen im Gesicht sowie die kleinen, kalkspritzerähnlichen weißen Flecken auf der Mundschleimhaut.

Etwa 2 bis 3 Tage nach Beginn der Erkrankung fällt das Fieber vorübergehend ab und steigt dann rasch wieder über 39 Grad an. Es kann auch bis zu 41 Grad steigen. Wenn die Masern nach »innen schlagen«, sind sie häufig von einer Lungenentzündung begleitet. Der Masernausschlag beginnt im Gesicht und hinter den Ohren. Etwa 2 Tage später »fließen« die Flekken zusammen und breiten sich nach unten hin aus. Während nun die übrigen Krankheitszeichen abklingen, verschwindet der Ausschlag 3 bis 4 Tage später. Und 2 bis 3 Wochen nach der Erkrankung schuppt sich die Haut kleieförmig ab. Hand und Fußsohlen bleiben jedoch ausgespart.

Masern müssen besonders sorgfältig auskuriert werden, damit sich keine »Nachfolgekrankheiten« anschließen: Lungentzündung, Mittelohrentzündung und, wenn auch seltener, die Hirnhautentzündung. Gegen die Masern gibt es die Schutzimpfung. Der Impfschutz hält bis zu 10 Jahre vor.

Mumps: Von Mumps (Ziegenpeter) betroffen sind vor allem Schulkinder, während Säuglinge und Kleinkinder kaum darunter leiden. Mumps ist erkennbar am zänkischen, reizbaren oder weinerlichen Verhalten der Kinder. Innerhalb von 1 bis 3 Tagen nimmt die Schwellung der Ohrspeicheldrüse zu und klingt nach 3 bis 4 Tagen wieder ab. Die von der Krankheit betroffenen Kinder sollten sich möglichst im Bett aufhalten, solange Fieber und Schwellung anhalten. Mumps ist an sich harmlos, dennoch ist er begleitet von Kopfschmerzen und Nackensteife. Wenn Jugendliche davon betroffen werden, schwellen manchmal auch die Hoden schmerzhaft an. In diesem Fall ist sogar die Gefahr der Unfruchtbarkeit gegeben. In selteneren Fällen kann die Bauchspeicheldrüse durch das Mumps-Virus befallen werden. Aufgrund dessen kann es bei den Kindern zu heftigem Erbrechen und zu starken Bauchschmerzen kommen, im schlimmsten Fall zum Diabetes.

Pocken (Variola): Die Pocken oder Blattern sind eine gefährliche, meldepflichtige Infektionskrankheit. Während sie früher in Europa häufig verbreitet war, tritt sie inzwischen – bis auf wenige Ausnahmen – nur noch in den Tropen und Subtropen auf. Nur in Ländern mit unzulänglicher Gesundheitsvorsorge wie beispielsweise Indien oder Pakistan, gibt es immer noch Pockenepidemien. Durch den Ferntourismus sind in den letzten Jahren allerdings gelegentlich wieder Pockenerreger nach Europa gebracht worden.

Die Pocken werden übertragen durch Tröpfchen-, Schmier und Staubinfektion und machen sich bei Ungeimpften nach etwa 14 Tagen bemerkbar mit hohem Fieber, Kopf-Rücken-Lenden-Schmerzen und Erbrechen. Auf der Haut entstehen aus roten Flecken oder Knötchen eingedellte Bläschen mit einem dunkelroten Saum. Für die fortgeschrittene Infektion gibt es kein wirksames Gegenmittel. Daher beschränkt sich die Behandlung auf die Stützung des Kreislaufs und die Verhinderung von Infektionen beim Platzen der Pockenbläschen. Angesteckt werden kann man außer durch direkten Kontakt mit einem Infizierten auch über die Luft und durch persönliche Gegenstände wie zum Beispiel die Kleidung eines Erkrankten.

Die Pockenschutzimpfung ist heute keine Pflicht mehr.

Röteln: Die Röteln verlaufen wie schwache Masern. Sie sind eine schwache Virusinfektion und meist harmlos – abgesehen von der Infektion im Mutterleib. Während einer Schwangerschaft (sehr kritisch sind die ersten 3 Monate) kann es zu Fruchtschäden an der Augenlinse, am Innenohr oder zu Herzfehlern kommen. Das Fieber hält in den meisten Fällen nur etwa

2 bis 4 Tage an und übersteigt selten 39 Grad. Der Rötelnausschlag beginnt am Kopf und breitet sich nach etwa 24 Stunden über den ganzen Körper aus. Er ist erkennbar an den Lymphdrüsenschwellungen im Nacken und hinter den Ohren. Sie können oft mehrere Wochen anhalten. Gegen Röteln impfen lassen sollten sich allenfalls junge Frauen vor einer beabsichtigten Schwangerschaft. Die Röteln kann man auch wiederholt bekommen. Es gibt nach der Erstinfektion keinen lebenslangen Immunschutz.

Tollwut *(Hydrophobie)*: Die Tollwut (Hundswut, Lyssa, Rabies, Hydrophobie), eine Viruserkrankung des Gehirns und des Rückenmarks, wird übertragen durch den Speichel erkrankter Tiere, vor allem durch den Biß eines infizierten Tieres. Wird die Tollwut nicht frühzeitig genug behandelt, kann sie tödlich verlaufen. Tollwutüberträger sind zumeist Hunde, seltener Katzen sowie Füchse, Marder und Eichhörnchen. Durch den Biß gelangt das Rabies-Virus auf dem Nervenweg in Gehirn und Rückenmark, wo es die Nervenzellen zerstört.

Von der Ansteckung bis zum Auftreten der ersten Krankheitszeichen vergehen etwa 1 bis 3 Monate. Die Symptome der Tollwut sind: leichtes Fieber, Kopfschmerzen, Angst, Beklemmungsgefühle und Niedergeschlagenheit. Das steigert sich zu heftigsten Krämpfen der Schlund-, Kehlkopf- und Atemmuskulatur. Der Patient leidet qualvollen Durst, ohne schlukken zu können. Es kann schließlich in kurzer Zeit zur Herzlähmung kommen. Im Falle des Verdachts einer Ansteckung kann eine passive Impfung mit einem geeigneten Serum vorgenommen werden.

Tumor-Viren: Seit langem besteht der Verdacht, daß neben chemischen Stoffen, radioaktiven Strahlen auch Viren an der Krebsentstehung beteiligt sein können. In Tierversuchen lassen sich mit bestimmten Viren wie etwa dem Rous-Sarkom-Virus oder dem Polioma-Virus nach Belieben Tumoren erzeugen. Bei Menschen ist bekannt, daß das Epstein-Barr-Virus karzinogen ist. Aber auch viele scheinbar harmlose Viren wie etwa das Herpes-Virus sind offensichtlich an Krebserkrankungen beteiligt. Gerade deshalb ist es so wichtig, Virusinfektionen entschlossen anzugehen.

Warzen *(Verruca)*: Warzen sind gutartige, infektiöse, durch das Papilloma-Virus hervorgerufene Neubildungen der Haut. Es gibt vier Arten von Warzen: flache jugendliche, gewöhnliche, Alterswarzen und Feigwarzen. Zu den virusbedingten Hautwucherungen zählt auch das *Molluscum contagiosum*, das stecknadelkopf- bis erbensgroße, halbkugelige, weiße Wucherungen bildet. Davon betroffen sind meistens ganze Schulklassen und Kindergartengruppen. Unter Umständen können die Warzen durch aufbauende, positive Suggestionen so »besprochen« werden, daß sie durch die Selbstheilungskräfte des Kindes oder des Patienten von selbst verschwinden.

Windpocken *(Varizellen)*: Von den Windpocken (Wasserpocken, Wasserblattern) sind zumeist nur Kinder betroffen. Sie beginnen in der Regel mit leichtem Fieber bis etwa 39 Grad. Einen Tag später bilden sich linsengroße, rote Flekken, aus denen sich Bläschen und später Pusteln formen.

Die Windpocken brechen 12 bis 17 Tage nach der Ansteckung aus. Sie erscheinen hinter den Ohren, auf dem Kopf, der Stirn, den Wangen und am Oberkörper. Die Krankheit ist nicht gefährlich und wird von den Kindern in der Regel problemlos überstanden. Dennoch ist für windpockenerkrankte Kinder in jedem Falle Bettruhe zu empfehlen. Die Krankheit muß sehr sorgfältig auskuriert werden, weil das Varizella-Zoster-Virus sich in das Nervengeflecht zurückziehen kann, um nach Jahrzehnten eine Gürtelrose auszulösen (siehe auch Gürtelrose).

Erklärung der wichtigsten medizinischen Begriffe

Allergen: So bezeichnet man alle harmlosen Stoffe, gegen die das körpereigene Immunsystem spezielle Abwehrkräfte, die sogenannten Antikörper, herstellt, weil es sie für bedrohlich oder gar lebensgefährlich hält. Praktisch kann jede Substanz zum Allergen und somit zum Antigen werden.

Antigen: So nennt man jede Substanz, die eine Immunreaktion auslöst, sobald sie in den Körper gelangt ist. Dazu gehören Krankheitserreger, Giftstoffe, artfremdes Eiweiß – im Falle allergischer Reaktionen aber auch harmlose Stoffe, die Allergene.

Antikörper: So nennt man die speziellen Immunstoffe, die von B-Lymphozyten ganz gezielt und selektiv gegen Krankheitserreger, Giftstoffe und artfremdes Eiweiß hergestellt werden. Jeder Antikörper »paßt« nur zu einem ganz bestimmten Antigen und kann nur dieses neutralisieren. Gegen andere »Eindringlinge« ist er machtlos. Zusammen mit dem Antigen bildet der Antikörper den Immunkomplex.

Enzyme: Enzyme, früher Fermente genannt, sind Biokatalysatoren, die alle chemischen Prozesse im Organismus regeln beziehungsweise beschleunigen. Enzyme sind nicht nur maßgeblich an der Verdauung beteiligt, sondern sie spielen auch eine ganz entscheidende Rolle innerhalb des Immunsystems. Unter anderem lösen sie Viren auf, solange sich diese noch nicht an Zellen festgesetzt haben, und sie verhindern, daß sich Krankheitserreger hinter Fibrinnetzen verbergen können. Da sich alle Enzyme aus einem Eiweißstoff und einem Vitamin oder Spurenelement zusammensetzen, ist die Versorgung des Körpers mit Vitalstoffen so wichtig.

Immunglobuline: Bezeichnung für alle Proteine, die Antikörper-Eigenschaften besitzen. Sie werden in lymphoiden Zellen gebildet. Man kann sie aus Blutserum herausfiltern und im Falle besonderer Infektanfälligkeit dem Körper zuführen.

Immunität: Ein Organismus, der mit einem Antigen (Krankheitserreger, Gift, artfremdes Eiweiß) in Berührung kam, besitzt entsprechende Antikörper und ist somit in der Lage, bei einer zweiten Begegnung sofort zu reagieren. Da es infolge der prompten Antwort des Immunsystems zu keiner Erkrankung kommt, spricht man von der Immunität = Nichtanfälligkeit. Gegenüber manchen Krankheiten, etwa den Kinderkrankheiten, ist die Immunität lebenslang gegeben. Bei anderen, etwa der Grippe, hält sie nur einige Monate an.

Immunopause: Wenn – oft schon um das 40. Lebensjahr – das Immunsystem erschöpft und die Thymusdrüse so stark verkümmert ist, daß Fehler im Abwehr- und Ordnungsgeschehen des Körpers nicht mehr korrigiert werden können, ist für den Körper eine Ausfallsituation entstanden, vergleichbar der Menopause nach dem Versiegen der Sexualhormone. Ich nenne diese Gesundheitskrise in der Lebensmitte Immunopause oder auch Thymopause. Mit einem gezielten Immuntraining versuchen wir im Immun-Trainings-Center Obertal, prophylaktisch diese Krise zu verhindern oder zumindest in spätere Jahre zu verschieben. Mit der Immunotherapie gehen wir gegen alle Schwächungen, Schädigungen, Irritationen, Verirrungen des Immunsystems an.

Immunsystem: Darunter ist die sehr komplizierte und vielgestaltige Einrichtung des Körpers zu verstehen, die es ihm überhaupt ermöglicht, sich in der Umwelt zu behaupten und sich vor Entartungen zu schützen. Zu diesem Gesundheitserhaltungssystem gehört nicht nur das Knochenmark als »Geburtsstätte« der Blutzellen, sondern auch das Lymphsystem mit den Lymphknoten, gehören im weitesten Sinne auch die Entgiftungs- und Ausscheidungsorgane Leber und Nieren. Ein spezielles Immunorgan ist die Haut, das »Gehirn« des Immunsystems ist die Thymusdrüse. Ein effektives Training des Immunsystems darf sich nicht darauf beschränken, die körpereigenen Abwehr- und Ordnungskräfte zu stärken. Es muß immer zugleich dafür gesorgt werden, daß sie »intelligent« bleiben, das heißt, unterscheiden können zwischen fremd und eigen, krank und gesund, harmlos und gefährlich.

Interferone: Glykoproteine, die in menschlichen Zellen gebildet werden. Sie entfalten insbesonders eine gegen Viren gerichtete Wirkung. Sie beeinflussen das Immunsystem auf verschiedene Weise als sogenannte Immunmodulatoren. Man bezeichnet sie auch als Botenstoffe, die von den von Viren befallenen Zellen zur Warnung vor der Infektion an Nachbarzellen ausgeschickt werden.

Lymphozyten: So heißt eine spezielle Form der weißen Blutkörperchen, die sich größtenteils durch Teilung in den Lymphknoten vermehren. Die B-Lymphozyten stellen die Antikörper her. Die T-Lymphozyten könnte man als Führungselite der Abwehrzellen bezeichnen. Ihre Unterscheidungsfähigkeit, die sie an andere Abwehrzellen weitergeben können, besitzen sie ursprünglich aus der »Schulung« in der Thymusdrüse.

Makrophagen: Wanderzellen, die sich am Abwehrkampf beteiligen. Man nennt sie auch Freßzellen. Sie sind die großen »Aufräumer« im Organismus. Sie wirken zellzerstörend auf krankes Gewebe, Viren, Schadstoffe, Fremdeiweiß.

Peptide: So nennt man ganz bestimmte, besonders wertvolle Protein-»Bausteine« und hormonähnliche Stoffe. Zu den Peptiden gehören beispielsweise das Insulin und manche Wirkstoffe der Thymusdrüse.

Psycho-Neuro-Immunologie: Neue medizinische Disziplin, die Ende der 80er Jahre von den USA ausging. Die Wissenschaftler bemühen sich darum, Beweise dafür zu erbringen, daß nicht nur bestimmte Organe, sondern auch das Immunsystem unseres Körpers ganz direkt über das Nervensystem vom Kopf aus gesteuert wird. Heiterkeit stärkt das Immunsystem, Niedergeschlagenheit lähmt es.

Literaturhinweise

Bieling, R. u. Gsell, O.: »Die Viruskrankheiten des Menschen. Ihre Erreger und ihre Bekämpfung.« Leipzig, 6. Auflage 1964.

Ditfurth, Hoimar von: »Im Anfang war der Wasserstoff.« Deutscher Taschenbuch Verlag, 9. Auflage 1988.

Doerr, R. u. Hallauer, C.: »Handbuch der Virusforschung.« Wien 1938, 1939, 1944, 1950 u. 1958.

Evans, Alfred S.: »Viral Infections of Humans.« Plenum Medical Book Company, New York/London 1976.

Geesing, H.: »Rheuma – vorbeugen, lindern, heilen.« Humboldt-Taschenbuch 1979.

– »Neue Lebenskraft.« Heyne Verlag, München, 3. Auflage 1984.

– »Heilfasten. Der Weg zur neuen Jugend.« Herbig Verlag, München, 3. Auflage 1987.

– »Allergie-Stop. So findet Ihr Immunsystem die richtigen Antworten auf die Umwelt.« Herbig Verlag, München, 2. Auflage 1989.

– »Herz-Fit. Wie Sie mit einem gesunden Kreislauf ein Leben lang jung bleiben.« Herbig Verlag, München, 2. Auflage 1989.

– »Immun-Training. So stärken Sie Ihre körpereigenen Abwehrkräfte.« Herbig Verlag, München, 9. völlig neu gefaßte und aktualisierte Auflage 1990.

– »Enzyme. Die beste Waffe des Körpers.« Herbig Verlag, München 1990.

Haas, R. u. Vivell, O.: »Virus- und Rickettsieninfektionen des Menschen.« München 1969.

Pflugbeil, K.: »Vital Plus. Was Sie mit Vitaminen, Mineralstoffen, Spurenlementen, Fett- und Aminosäuren für Ihre Gesundheit tun können.« Herbig Verlag, München, 1990

Schuster, Gottfried: »Virus und Viruskrankheiten.« A. Ziemsen Verlag, Wittenberg 1972.

Starke, G. (Hrsg.): »Virologische Praxis.« Jena, 2. Auflage 1968.

Register